La antigua Roma para adolescentes

Una guía apasionante de la República y el Imperio romano

© Copyright 2025

Todos los derechos reservados. Ninguna parte de este libro puede ser reproducida de ninguna forma sin el permiso escrito del autor. Los revisores pueden citar breves pasajes en las reseñas.

Descargo de responsabilidad: Ninguna parte de esta publicación puede ser reproducida o transmitida de ninguna forma o por ningún medio, mecánico o electrónico, incluyendo fotocopias o grabaciones, o por ningún sistema de almacenamiento y recuperación de información, o transmitida por correo electrónico sin permiso escrito del editor.

Si bien se ha hecho todo lo posible por verificar la información proporcionada en esta publicación, ni el autor ni el editor asumen responsabilidad alguna por los errores, omisiones o interpretaciones contrarias al tema aquí tratado.

Este libro es solo para fines de entretenimiento. Las opiniones expresadas son únicamente las del autor y no deben tomarse como instrucciones u órdenes de expertos. El lector es responsable de sus propias acciones.

La adhesión a todas las leyes y regulaciones aplicables, incluyendo las leyes internacionales, federales, estatales y locales que rigen la concesión de licencias profesionales, las prácticas comerciales, la publicidad y todos los demás aspectos de la realización de negocios en los EE. UU., Canadá, Reino Unido o cualquier otra jurisdicción es responsabilidad exclusiva del comprador o del lector.

Ni el autor ni el editor asumen responsabilidad alguna en nombre del comprador o lector de estos materiales. Cualquier desaire percibido de cualquier individuo u organización es puramente involuntario.

Índice

INTRODUCCIÓN 1
CAPÍTULO 1: RÓMULO Y REMO 3
CAPÍTULO 2: ¿QUÉ FUE LA REPÚBLICA ROMANA? 15
CAPÍTULO 3: DE LA REPÚBLICA AL IMPERIO 28
CAPÍTULO 4: EL EJÉRCITO ROMANO 43
CAPÍTULO 5: PATRICIOS, PLEBEYOS Y ESCLAVOS 53
CAPÍTULO 6: OCIO, ENTRETENIMIENTO Y ECONOMÍA 64
CAPÍTULO 7: LOGROS CLAVE DE LA ANTIGUA ROMA 75
CAPÍTULO 8: FIGURAS COLOSALES 85
CAPÍTULO 9: CONSTANTINO Y EL CRISTIANISMO 98
CAPÍTULO 10: LA CAÍDA DE UN IMPERIO 109
VEA MÁS LIBROS ESCRITOS POR ENTHRALLING HISTORY 122
REFERENCIAS 123
FUENTES DE IMÁGENES 126

Introducción

Rea Silvia jadeó de dolor. Había ocultado su embarazo, pero ahora estaba en trabajo de parto. ¿Qué haría su tío Amulio? Le había robado el trono a su padre y la había obligado a convertirse en virgen vestal. Si alguien se enteraba, la enterrarían viva. Tal vez podría dar a luz en secreto y esconder al bebé en algún lugar. De repente, oyó gritos procedentes del templo y a alguien que corría por el pasillo. Su puerta se abrió de golpe. Era Dora, otra sacerdotisa, con los ojos muy abiertos por el terror.

—¡Rea! La llama eterna se ha apagado. ¡Todos estamos condenados! ¡La diosa Vesta está enfadada! ¡Alguien rompió su voto de virginidad!

La cara de Dora palideció al darse cuenta de que Rea estaba dando a luz. —¡Fuiste tú!

¿Qué ocurrió con Rea y sus gemelos recién nacidos? Lo desvelaremos en el primer capítulo, junto con la historia de Eneas, que huyó de las llamas de Troya para construir una nueva ciudad. La antigua Roma rara vez pasó momentos aburridos. Este libro explora el drama político y las inspiradoras historias de los hombres y mujeres fascinantes que construyeron Roma, desarrollaron una república y conquistaron un imperio.

¿Cómo se desarrollaron estas sensacionales historias? ¿Por qué el ejército romano era una fuerza imparable? ¿Por qué se rebelaron los esclavos de Roma y cómo fue este episodio? ¿Qué problemas sociales condujeron a varias guerras civiles? ¿Qué ocurrió cuando las clases bajas no soportaron más los abusos? Este viaje por la historia de la antigua Roma examina todo esto y mucho más.

¿Qué hizo extraordinaria a Roma? Roma pasó de ser una modesta ciudad-estado a un increíble imperio que se extendía desde Oriente Próximo hasta el norte de África y Gran Bretaña. Su política, filosofía, arquitectura, lengua y religión, dejaron un legado duradero, que sigue influyendo en nuestro mundo actual. Por encima de todo, Roma es la historia de personas. Gente buena, gente brillante, gente psicótica, gente sedienta de poder, gente desesperadamente pobre: todos ellos formaron parte de la asombrosa historia antigua de Roma. Este libro da vida a su desesperación, su astucia y sus triunfos.

¿Por qué estudiar historia? Porque permite comprender el presente y el futuro. Algunas de las historias de Roma son edificantes, ¡pero otras son lecciones sobre lo que *no* se debe hacer! Conocer la historia y la cultura de Roma ayuda a comprender por qué las cosas son como son hoy. ¿Cuántos países del mundo tienen un gobierno basado en la República romana? Analizar a los líderes de Roma ayuda a entender cómo los buenos políticos pueden elevar a su país a la paz y la prosperidad, mientras que los líderes ineptos pueden hundirlo en la desesperación.

Emprenda este viaje hacia atrás en el tiempo para explorar lo que le ocurrió a los gemelos y cómo se desarrolló todo después.

Capítulo 1: Rómulo y Remo

¿Qué ocurrió con los bebés gemelos, Rómulo y Remo? En primer lugar, es importante adentrarse en otro mito, que prepara el escenario. Al sumergirse en los mitos antiguos, se debe recordar que no son pura ficción; la mayoría tiene un núcleo de verdad. El reto consiste en separar la verdad de la ficción. A lo largo de los siglos, las historias antiguas se han contado una y otra vez, añadiendo y quitando partes.

Aventuras de Eneas

La historia de Eneas comienza en la antigua Troya. Pruebas recientes apuntan a que Troya fue una ciudad real, en la costa noroeste de Turquía. Los libros de historia griegos dicen que la guerra de Troya tuvo lugar alrededor del año 1200 a. C. Eneas era hijo del príncipe Anquises de Troya y, según el mito, de la diosa Afrodita. Mientras Eneas luchaba en la guerra de Troya, su madre se metió en la batalla y le salvó la vida varias veces. El guerrero griego Aquiles mató al príncipe heredero y primo de Eneas, Héctor. Una noche, Eneas tuvo una pesadilla con el fantasma de su primo.

—¡Eneas! ¡Levántate! ¡Los griegos han entrado en la ciudad! ¡Saca a tu familia! Te espera un largo viaje por mar, y luego fundarás una nueva ciudad.

Eneas se levantó de un salto. La ciudad estaba llena de humo. Cargó a su padre anciano en su espalda. Su pequeño hijo Ascanio y su esposa Creúsa corrieron con él hacia las puertas de la ciudad. Justo cuando salían corriendo por las puertas, Eneas se dio cuenta de que Creúsa no estaba. Volvió corriendo a la ciudad, pero salió a su encuentro el fantasma de su esposa. Los griegos la habían matado.

—¡Dejen Troya! ¡Salven a nuestro hijo! ¡Naveguen a Italia!

Eneas escapa de Troya con su familia. **Pintura de Pompeo Batoni**[i]

Mientras el humo negro se elevaba sobre Troya, Eneas guio a su padre y a su hijo, junto a otros refugiados, al monte Ida. Construyeron veinte barcos y navegaron por el mar Egeo. En el viaje, se encontraron con otro sobreviviente, el príncipe Heleno, que le dijo a Eneas:

—Cuando encuentres un cerdo blanco con treinta cerditos, detente. Funda allí tu nueva ciudad.

Eneas y su grupo navegaron hasta Sicilia, donde escaparon por poco de los cíclopes, monstruos de un solo ojo. Cuando intentaron navegar hacia la Italia continental, se toparon con una feroz tormenta que los desvió de su rumbo. Después de muchos días, desembarcaron en una playa tranquila. Estaban en el norte de África, donde un grupo de fenicios había llegado recientemente desde el Líbano. Su reina era Dido, y estaban construyendo la ciudad de Cartago. Eneas y la reina Dido se sintieron atraídos al instante. Eneas se olvidó por completo de las profecías y de su misión de fundar una ciudad en Italia.

Finalmente, el dios Mercurio visitó a Eneas.

—No olvides el destino que te encomendaron los dioses. Debes gobernar en Italia.

Dido estaba fuera de sí cuando se enteró de que Eneas se iba.

—No puedo vivir sin ti. Si te vas, te juro que me mato.

Eneas y sus seguidores levaron anclas al amanecer y navegaron por la costa occidental de Italia. Siguieron el río Tíber hacia el interior, a la tierra donde gobernaba el rey Latino. Latino acababa de soñar que su hija se casaría con un extranjero y que los latinos dominarían el mundo. Mientras tanto, Eneas y sus hombres estaban a punto de sacrificar una cerda blanca para celebrar su llegada a Italia. Sin embargo, el animal escapó y corrió hacia el bosque. Eneas corrió tras ella y la encontró a la mañana siguiente. ¡Había parido treinta cerditos! La profecía se había cumplido. Eneas construyó su ciudad en este lugar.

Los latinos y los troyanos se aliaron y Eneas se casó con la princesa Lavinia, hija del rey Latino. Eneas llamó a su nueva ciudad Lavinium, en honor a su encantadora esposa. Cinco años después, cuando Lavinia estaba embarazada de su primer hijo, Eneas desapareció misteriosamente durante una batalla contra los rútulos. Nadie encontró nunca su cuerpo. Ascanio, hijo de Eneas de su primera esposa, se convirtió en el siguiente rey.

El rey Latino presenta a Eneas a Lavinia. Pintura de Giovanni Battista Tiepolo[a]

Alba Longa: Ciudad sobre un lago

Lavinia estaba preocupada. Debía dar a luz pronto, pero su marido había desaparecido sin dejar rastro. ¿Estaría su hijo nonato a salvo de su hijastro Ascanio? Si fuera un niño, ¿lo consideraría Ascanio una amenaza e intentaría matarlo? Lavinia decidió esconderse, con la ayuda de Tyrrhenus, el jefe de los pastores. Él la escondió en una casa en las montañas, donde dio a luz a un hijo al que llamó Silvio, que creció en los bosques.

Mientras tanto, el rey Ascanio estaba descontento con Lavinium.

—¡Esta ciudad no es más que un pantano maloliente! Sus vapores enferman a mi pueblo, ¡y los mosquitos son insoportables! Apenas hay tierras de cultivo. Demasiado para una profecía sobre un cerdo.

Ascanio construyó una nueva capital, a la que llamó Alba Longa, al pie del monte Alba, con vista a un gran lago. La montaña y el lago proporcionaban a la capital una protección natural frente a los enemigos. Alba Longa estaba a unas doce millas de donde más tarde se construyó Roma. Después de treinta y ocho años, Ascanio murió. ¿Quién sería el siguiente rey?

En ese momento, Tirreno llevó a Lavinia y Silvio montaña abajo, hasta Alba Longa. Por supuesto, el hijo de Ascanio, Iulo, desafió a Silvio, pero la gente de la ciudad lo apoyó. Silvio era nieto del rey Latino e hijo del rey Eneas. Por sus venas corría sangre latina y troyana. Iulo era solo troyano, y los latinos querían representación. El pueblo votó y Silvio ganó. El príncipe Iulo se convirtió en rey. Siglos más tarde, su descendiente, Julio César, se convirtió en dictador vitalicio de Roma. Durante los siglos siguientes, los descendientes de Silvio gobernaron Alba Longa. El duodécimo rey fue Numitor.

Rómulo y Remo

Numitor era rey de Alba Longa, pero su hermano menor, Amulio, quería el trono para sí. Una razón para ello, aparte del deseo de poder, era una inquietante profecía. Un vidente le había dicho que un descendiente de su hermano lo mataría. Necesitaba asegurarse de que no hubiera descendientes. Numitor solo tenía un hijo varón, Egisto. Amulio llevó a su sobrino de caza y el niño murió en un desafortunado accidente. Solo quedaba la hija de Numitor: Rea Silvia.

Amulio organizó una toma del palacio. Echó a Numitor y obligó a Rea Silvia a convertirse en **virgen vestal**. El templo de la diosa **Vesta**, la diosa principal de troyanos y latinos, contaba con seis sacerdotisas. Juraron permanecer vírgenes durante treinta años. Si rompían su voto, eran enterradas vivas. Si Rea se mantenía virgen, no podría tener hijos, y Amulio podría disfrutar de su reinado sin temor a ser asesinado por los descendientes de su hermano.

Pero Rea quedó embarazada.

—¿Cómo ocurrió? —gritó Amulio cuando llegó al templo—. ¡Deberían enterrarte viva!

Rhea contó su historia.

—Salí a sacar agua del pozo. De repente, ¡vi un lobo! Corrí a una cueva para esconderme, y justo entonces, un eclipse solar oscureció el sol. En ese momento, ¡el lobo se convirtió en el dios Marte! Me obligó, pero me prometió que mis hijos serían héroes.

Amulio se paseaba de un lado a otro. Había habido un eclipse solar nueve meses antes. Quizá estos bebés eran realmente semidioses. Pero ¡eran descendientes de Numitor! Uno de ellos podría cumplir la profecía y matarlo. Ordenó que encerraran a Rea en una torre y luego se volvió hacia su guardia.

—¡Lleven a estos bebés al río y ahóguenlos!

El guardia recogió la cesta que contenía a los gemelos y se marchó. Llegó al río y se sentó a pensar. ¿Y si su padre era realmente Marte? Si mataba a los hijos del dios, Marte lo mataría a él. En lugar de ahogarlos, colocó la cesta en el río Tíber.

—Dejemos que Marte decida. Si son sus hijos, los salvará. Si no, se ahogarán.

La cesta flotó río abajo con los bebés dentro hasta que una ola repentina la empujó hasta una pequeña playa. Una loba pasaba por la zona. Había dado a luz recientemente, pero sus cachorros no habían sobrevivido. Al oír los llantos de los bebés, levantó la vista, sus orejas se agitaron y su nariz olfateó el aire. ¡El sonido venía del río! Caminó cautelosamente hacia la cesta y miró a los bebés, que gritaban de hambre. Con cuidado, cogió a los gemelos y los acostó en la hierba. Luego, se tiró junto a ellos y los amamantó de sus pezones hinchados.

Estatua de los gemelos con la loba en la Maison de la Louve de Bruselas[a]

Poco después, un pastor se dirigió al río para sacar agua. Se llamaba Fáustulo, y el bebé de su mujer acababa de morir. Vio a la loba con los bebés. La loba gruñó, pero luego se escabulló en el bosque. Fáustulo colocó a los bebés en la cesta y los llevó a casa. Las lágrimas de su esposa se convirtieron en alegría cuando vio a los gemelos. Los sostuvo cerca de ella mientras Fáustulo le contaba cómo los había encontrado.

—¡Los dioses han reemplazado a nuestro bebé por dos hijos!

Fáustulo no tenía ni idea de la procedencia de los niños. Sabía que Numitor vivía exiliado en las cercanías, pero no tenía ni idea de que sus hijos adoptivos eran nietos del antiguo rey. Los muchachos crecieron en el humilde hogar del pastor, pensando que eran sus hijos. Se convirtieron en pastores, como Fáustulo, pero sus vidas dieron un giro repentino cuando lucharon con los pastores de Numitor.

Remo mató a uno de los pastores y Numitor lo apresó. Rómulo escapó y corrió a casa a buscar a Fáustulo. El pastor se arrodilló ante Numitor, suplicando por la vida de sus hijos. Le dijo que los muchachos debían venir de los dioses y le explicó cómo los había encontrado con la loba.

—¿Cuánto tiempo hace de eso? —preguntó Numitor.

—Dieciocho años, señor.

—¡Dieciocho años! Fue cuando mi hija tuvo dos gemelos. Nunca supimos qué pasó con los bebés. ¡Deben ser ellos! ¡Estos son mis nietos!

Numitor envolvió a los dos jóvenes en sus brazos, sollozando. Finalmente, se sentaron todos y les contó cómo Amulio le había robado el trono.

—Ordenó que los mataran a ustedes dos también.

—Nos vengaremos. —Juraron Rómulo y Remo—. ¡Lo mataremos y te pondremos de nuevo en el trono de Alba Longa!

Y eso fue lo que hicieron, cumpliendo la profecía de que un descendiente de Numitor mataría a Amulio. Una vez que Numitor volvió a ser rey, los gemelos se miraron.

—¿Y ahora qué? —preguntó Rómulo.

—Podemos quedarnos aquí, en Alba Longa, con nuestro abuelo. Pero ¡construyamos nuestra propia ciudad!

—¡Sí! La construiremos donde Fáustulo nos encontró. Junto al río, donde están las siete colinas.

Ciudades de Lavinium, Alba Longa y Roma'

Fundación de Roma

Llenos de entusiasmo, los jóvenes se apresuraron a regresar a las siete colinas, planeando construir su nueva ciudad en una de ellas. Pero, ¿en qué colina? ¿Y cuál de ellos debería ser el rey? Rómulo y Remo se querían mucho, pero siempre habían sido muy competitivos. Su disputa fue tan intensa, que Rómulo mató a Remo. Lloró cuando se dio cuenta de lo que había hecho. Pero luego se secó las lágrimas.

Era el momento de empezar a construir su nueva ciudad, a la que llamó Roma, en su honor. Rómulo solo contaba con un pequeño grupo de seguidores. Eligió la colina del Palatino y construyó una muralla a su alrededor. Sin embargo, necesitaba más trabajadores. Rómulo envió invitaciones a la región circundante. Todos los que se unieran a él, serían ciudadanos, incluso si no pertenecían a la nobleza. Y sí, también los antiguos esclavos podían ser ciudadanos.

La zona donde construyó Roma ya contaba con ciudades y aldeas. Antes de la guerra de Troya, un griego llamado Evandro de Arcadia había establecido la ciudad de Palanteo (Pallantium en latín) en la región, importando costumbres y divinidades griegas. La mayoría de los primeros ciudadanos de Roma procedían de Alba Longa o Palanteo. Otros pueblos que vivían cerca de las siete colinas eran los etruscos y los sabinos. La incipiente ciudad de Roma era una mezcla cultural de griegos, troyanos, latinos y otras culturas cercanas.

La nueva ciudad necesitaba un gobierno. ¿Cómo sería? Rómulo convocó un consejo con sus seguidores para resolverlo. Sería una monarquía, y Rómulo sería el rey. Sin embargo, sería una monarquía inusual, con reyes elegidos. Roma tendría un senado, una idea tomada de los griegos. Cada clan familiar (*gen*) tenía un líder llamado *pater* (plural: *patres*), que significa padre. Los senadores eran *patres*, por lo que cada grupo familiar tenía representación. La mayoría de estas familias fundadoras eran de origen humilde, pero se convirtieron en la clase **patricia** aristocrática de Roma. Los senadores solo podían proceder de estas familias.

Una de las tareas del Senado era elegir un nuevo rey cuando el anterior moría. También servían como asesores del rey. El rey hacía las leyes, pero los senadores podían sugerirle cambios. Como los senadores representaban a todo el pueblo de Roma, en teoría, las leyes beneficiaban a todos. Por supuesto, eso se volvió problemático, cuando nuevas personas que no formaban parte de las familias fundadoras se trasladaron a Roma.

El mayor problema de Rómulo era que había muchos hombres, pero pocas mujeres. Rómulo empezó con sus compañeros pastores y una banda de jóvenes dispuestos a luchar para ganarse la vida. Una vez que fundó Roma, reunió a antiguos esclavos, trabajadores itinerantes y otros hombres que buscaban hacer fortuna. Sin embargo, casi todos eran hombres solteros. Necesitaba unas tres mil mujeres jóvenes para que fueran esposas de sus hombres, pero ¿dónde podía conseguirlas? Los pueblos y ciudades de la zona se negaban a concertar matrimonios con su curioso grupo de hombres.

Sin esposas, la ciudad no tendría hijos, ni futuro. Rómulo ideó un plan. Invitó a los sabinos, un pueblo vecino, a un festival religioso. Les ofrecieron a los sabinos un vino muy fuerte, que los romanos *diluyeron* (hicieron menos fuerte) antes de tomarlo. Los sabinos se emborracharon, mientras los romanos fingían estar intoxicados. Cuando los sabinos se durmieron, los romanos secuestraron a sus jóvenes mujeres.

Los romanos secuestran a las mujeres sabinas. Pintura de Nicolas Poussin[5]

Al día siguiente, los sabinos se dieron cuenta de lo que había sucedido.

—¡Devuelvan a nuestras mujeres!

—Ahora son nuestras —replicó Rómulo.

Dos de las ciudades sabinas atacaron Roma, pero perdieron la batalla. Entonces, los sabinos buscaron apoyo en todas sus ciudades, hasta reunir un enorme ejército. Sin embargo, habían pasado meses, y muchas de las jóvenes sabinas ya habían quedado embarazadas. Las mujeres corrieron al medio de los dos ejércitos.

—¡Padres! ¡Hermanos! ¿Por qué hacen esto? —gritaron las mujeres, enfrentándose a los sabinos.

Luego, se giraron y encararon a los romanos:

—¡Maridos! ¡Dejen de luchar!

Las mujeres se volvieron de nuevo, suplicando a los hombres sabinos:

—¡Sus nietos están en nuestros vientres! Si matan a nuestros maridos, ¡matarán a sus padres! Piensen en sus nietos. Si no pueden, mátennos a nosotras, ya que luchan por nuestra culpa.

Los aguerridos soldados de ambos bandos envainaron sus espadas y arrojaron sus lanzas. Sabinos y romanos formaron un reino unido, con el rey sabino Tacio cogobernando junto a Rómulo. Esto funcionó durante cinco años. Luego, un asesino desconocido mató a Tacio, y Rómulo se convirtió en rey de ambos pueblos.

Rómulo era un genio militar, pero no se llevaba bien con sus senadores. Un día, se enfurecieron tanto con él, que lo despedazaron. En ese momento, un violento viento sopló en Roma y un eclipse solar oscureció el cielo. Los senadores escondieron los trozos de cuerpo y dijeron que el viento se había llevado a Rómulo. Los ciudadanos recorrieron la región, buscándolo. Los senadores se dieron cuenta de que no podían elegir a un nuevo rey. Todos pensaban que Rómulo seguía vivo. Ellos, por supuesto, no podían admitir que lo habían asesinado.

Finalmente, dieron con una solución. Un senador anciano muy respetado, Próculo Julio, dijo al pueblo: —Acabo de tener una visión de Rómulo elevándose al cielo. Ahora es el dios Quirino. Dijo que su trabajo aquí ha terminado, pero que nos vigilará desde arriba.

El pueblo respiró aliviado y dejó de buscar a Rómulo. Ahora, ¡podían elegir a un nuevo rey!

¿Verdad o ficción?

Recuerde que los mitos contienen elementos históricos verdaderos, pero también tienen mucha ficción entretejida. Aunque supuestamente Rómulo fundó Roma alrededor del año 753 a. C., la historia escrita más antigua de Roma data de cuatro siglos más tarde. ¿Existieron Rómulo y Remo? Los historiadores romanos decían que Rómulo estaba enterrado bajo el Foro romano. En 2019, se descubrió una antigua tumba bajo la esquina noroeste del Foro. Un altar en la tumba la declaraba tierra sagrada. No había restos humanos, pero recuerde que el mito dice que nadie (excepto los senadores) sabía dónde estaba el cuerpo de Rómulo. La «tumba» puede haber sido un lugar para honrarlo.

Hay una escultura de bronce de una loba que fue encontrada en Roma y que data del siglo V a. C., mientras que las monedas del siglo III a. C. muestran a la loba amamantando a Rómulo y Remo. Asignar a Marte como padre de los gemelos fue un intento de vincular la herencia de los romanos con el dios de la guerra. La loba y el asesinato de Remo a manos de su hermano no aparecen en ninguno de los relatos antiguos. Sin embargo, la conexión con Eneas y Troya sí. Este vínculo parecía importante para legitimar el dominio romano. El malvado rey Amulio también aparece varias veces, lo que sugiere que esta parte de la historia probablemente sí ocurrió.

Capítulo 2: ¿Qué fue la República romana?

Comenzando por Rómulo, los reyes gobernaron Roma durante más de doscientos años. La intriga y la maldad marcaron los reinados de los últimos reyes, empezando por el asesinato de Tarquinio Prisco. Este rey no debió haber sido coronado. Era medio griego y no era de Roma, pero era rico y estaba encantado de ayudar a los demás. Se hizo muy amigo del rey anterior, Marcio, que lo nombró como segundo al mando.

Cuando Marcio murió, sus hijos eran demasiado jóvenes para gobernar, así que los senadores eligieron rey a Tarquinio. Acabó siendo uno de los mejores reyes de Roma. Fue un impresionante comandante militar. Expandió el territorio de Roma en el centro de Italia y erigió el estadio **Circo Máximo** para carreras de cuadrigas, juegos y competiciones de gladiadores. También construyó la **Cloaca Máxima**, uno de los primeros sistemas de alcantarillado del mundo.

Un asesinato sacude el palacio

Servio Tulio, probablemente hijo ilegítimo de Tarquinio, creció en el palacio. Cuando Tarquinio nombró a Tulio como heredero, los patricios y los hijos de Marcio se enfurecieron y contrataron asesinos para matar a Tarquinio. Poco dispuesta a perder el poder, la reina Tanaquil conspiró con Tulio. Ella sabía que alguien ajeno a la familia debía ser rey, ya que sus hijos no tenían edad suficiente. Sus hijos nunca tendrían la oportunidad de gobernar. Así que salió al balcón para dirigirse al pueblo, que estaba reunido abajo.

—Compatriotas romanos, antes de morir, mi marido nombró a Tulio como regente. Cuando nuestros hijos sean mayores, el Senado podrá elegir a uno de ellos como rey.

Servio Tulio. **Pintura de Frans Huys**[6]

A la reina Tanaquil le salió mal la estrategia. Cuando los niños crecieron, Tulio conservó la corona. **Los plebeyos**, como se llamaba a la gente de la clase trabajadora, lo adoraban. Solo quienes poseían tierras podían votar, así Tulio entregó tierras a los plebeyos a cambio de sus votos. Así, empezó a hablar de liberar a los esclavos y darles la ciudadanía. Los patricios se quejaron:

—¿Qué haremos sin esclavos que trabajen en nuestras granjas? Los plebeyos ya están cambiando el voto.

Mientras tanto, el hijo de la reina Tanaquil, Tarquino, conspiraba para derrocar a Tulio. Unió fuerzas con la esposa de su hermano, Tullia, que era hija del rey. Cada uno envenenó a su cónyuge y luego se casaron entre sí. Los senadores ya estaban enfadados con Tulio. Tarquino avivó las llamas con un encendido discurso en el Senado.

Cuando el rey Tulio se enteró, corrió hacia el Senado, pero Tarquino lo empujó escaleras abajo. Nadie acudió a ayudarle, y el rey, magullado y abatido, fue cojeando hacia su casa. Nunca llegó. Los conspiradores de Tarquino lo asesinaron en la calle. Mientras tanto, el Senado eligió rey a Tarquino y una feliz Tulia felicitó a su nuevo marido.

Los senadores se arrepintieron inmediatamente de haber elegido rey a Tarquino. Se rodeó de guardaespaldas y comenzó a suprimir el poder del Senado. Purgó a cualquiera que fuera sospechoso de no apoyarlo. Algunos senadores fueron ejecutados o desterrados bajo falsas acusaciones. Asesinos secretos fueron contratados para matar a otros. Tarquino incluso mató al marido de su hermana. Su hijo, Bruto, fingió ser mentalmente discapacitado y sobrevivió.

El derrocamiento de la monarquía

El hijo del rey Tarquino, Sexto Tarquinio, era tan brutal como su padre. Quería a Lucrecia, la bella esposa de su primo. Pero ella amaba a su marido, Colatino, e ignoraba a Sexto. Sexto no se tomó bien el rechazo y forzó a Lucrecia. A la mañana siguiente, Lucrecia envió un mensaje a su marido y a su padre, que estaban fuera luchando, diciéndoles que volvieran a casa inmediatamente y trajeran testigos. Uno de los testigos era Bruto, el sobrino del rey Tarquino, que se había hecho pasar por discapacitado mental.

Cuando llegaron, Lucrecia les contó entre lágrimas lo sucedido. Intentaron consolarla.

—No fue culpa tuya. Es más fuerte que tú.

Lucrecia sollozó.

—¡Prométeme que te vengarás!

Entonces, para horror de todos, se apuñaló a sí misma. Su padre y su marido se desplomaron en el suelo, lamentándose. Bruto se levantó, cogió el cuchillo y lo sostuvo en el aire.

—¡Acabaré con la malvada familia Tarquino! ¿Quién está conmigo?

Bruto jura vengar a Lucrecia. Pintura de François-Joseph Navez[7]

Los otros hombres levantaron sus dagas.

—¡Por el fuego, la espada y lo que haga falta, borraremos a los reyes de Roma para siempre!

Esto encabezó una revolución que derribó la monarquía de Roma. Llevaron el cuerpo de Lucrecia al Foro y contaron a los senadores lo que había hecho Sexto Tarquinio.

—¡Actúen como hombres y romanos! —gritó Bruto a la multitud reunida—. ¡Levanten sus armas contra el enemigo!

La familia real huyó de la ciudad. El ejército de Roma prometió su apoyo a la revolución. Tarquino reunió la ayuda de algunas tribus vecinas, pero fracasó en su intento de retomar Roma. Los romanos formaron una nueva forma de gobierno llamada república.

¿Cómo estructuraron los romanos su república?

Los romanos sustituyeron al rey por dos **cónsules** elegidos, que servían durante un mandato de un año. La idea era que los dos jefes de estado se equilibraran mutuamente. Cada uno podía vetar las decisiones del otro. Los dos cónsules eran los comandantes en jefe del ejército. A principios de la República romana, los cónsules nombraban a los senadores. Volvieron a constituir el Senado con cien hombres, tras la purga del rey Tarquino. En caso de crisis, el Senado podía imponer un **dictador** temporal. Este solo podía gobernar mientras durara la crisis, o máximo durante seis meses. El dictador podía tomar decisiones rápidas sin pasar por los canales habituales.

¿Era la República romana una democracia? No en el sentido de que todos los ciudadanos pudieran votar. Sí había elecciones para elegir a los dirigentes, pero solo votaban los hombres de las asambleas. Los senadores eran un consejo asesor de los cónsules y votaban los proyectos de ley. Eran nombrados por los cónsules (y más tarde por los censores). El Senado romano era un lugar bullicioso, en el que los senadores abucheaban, silbaban, interrumpían y hacían ataques personales durante los debates.

El Senado romano. Fresco de Cesare Maccari[8]

La **Asamblea Centuriata** elegía a los cónsules, censores y pretores. Una **centuria** era una unidad de cien soldados, y cada centuria tenía un voto. Roma añadió más tarde la **Asamblea de Tribus** no militar. Cada tribu representaba una zona geográfica. Esta asamblea elegía a algunos magistrados, elaboraba leyes y juzgaba los delitos más graves. En el 494 a. C., Roma añadió la **Asamblea Plebeya**, que representaba a la clase trabajadora. Podían proponer nuevas leyes y vetar las que intentaba aprobar la clase alta.

Los censores levantaban el **censo** (recuento de los ciudadanos) y mantenían la moral. Podían **censurar** o intentar detener las amenazas a la seguridad pública o los comportamientos o discursos obscenos. **Los pretores** eran elegidos jueces, generales del ejército y gobernadores de las provincias. Si ambos cónsules estaban ausentes en guerra, el *pretor urbanus* dirigía las cosas en Roma. **Los tribunos** tenían diversos cargos. Uno dirigía la Asamblea Plebeya. Dos tribunos militares dirigían cada una de las **legiones** romanas, que constaban de unos cinco mil soldados. Otros tribunos recaudaban impuestos y se ocupaban del tesoro. Los cónsules, censores, pretores, tribunos y jefes militares eran **magistrados** elegidos para un mandato de un año.

Una victoria pírrica

En sus primeros siglos de existencia, la República romana se hizo con el control del centro de Italia. Los griegos habían gobernado el extremo sur de Italia durante cientos de años. En el 280 a. C., Roma rompió un acuerdo con Tarento, una ciudad griega situada en el talón de la bota de Italia. Roma debía mantenerse alejada del golfo de Tarento, en el extremo sur de Italia. Sin embargo, una flota de barcos navegó audazmente hacia el golfo. Una tormenta arrastró a diez de las naves hacia Tarento. Los enfurecidos tarentinos hundieron cinco barcos y capturaron los otros.

Roma declaró la guerra y los tarentinos pidieron ayuda a un viejo amigo, el rey Pirro de Epiro. Epiro era un país pobre del norte de Grecia, pero Pirro era pariente de Alejandro Magno y tenía deseos de construir su propio imperio. Pidió prestado dinero, soldados, caballos y elefantes de guerra a sus parientes reales de Macedonia, Egipto y Oriente Próximo. Pirro ganó las dos primeras batallas, pero sufrió pérdidas tan cuantiosas, que se las denominó **victorias pírricas**. Esto significa que la victoria no valió la pena, por el costo de vidas y recursos que implicó. Tras perder la tercera batalla, Pirro se escabulló de vuelta a Epiro y Roma se apoderó del sur de Italia.

¿Qué fueron las guerras púnicas? (264-146 a. C.)

Cartago, ciudad situada en el norte de África, tenía un imperio marítimo. Controlaba el comercio en todo el sur del mar Mediterráneo. Roma quería ese imperio y libró tres guerras legendarias contra Cartago para conseguirlo. «Púnico» proviene de la palabra latina que designa a los fenicios del Líbano, que construyeron Cartago. En ese momento, Roma nunca había librado una guerra fuera de Italia. Ni siquiera tenía marina. La guerra comenzó en la isla de Sicilia, a solo seis millas de la punta de la bota. La mayoría de las ciudades de Sicilia eran colonias de Grecia o Cartago.

Roma se involucró en Sicilia para apoyar a los piratas mamertinos, que le pidieron ayuda. Llevaban décadas asaltando los barcos y las ciudades costeras de Sicilia. Finalmente, Cartago envió tropas a su reducto de Mesina, en la costa oriental de Sicilia. A los romanos no les entusiasmaba la idea de trabajar con piratas, pero sí querían un punto de apoyo en Sicilia. Cruzaron el estrecho de Mesina en el 264 a. C., tomaron por sorpresa a los cartagineses y provocaron su huida. En el 262 a. C., Roma contaba con unos veinte mil soldados en Italia.

Roma sabía que necesitaba una armada si quería vencer a Cartago. Así que, en cuestión de meses, los romanos construyeron 120 barcos de guerra y entrenaron a sus hombres para navegarlos. Los romanos eran maestros del combate uno contra uno, así que hicieron largas pasarelas en sus barcos para engancharse y abordar a las naves enemigas. También utilizaron catapultas para disparar proyectiles incendiarios contra los barcos cartagineses.

Todo el mundo se sorprendió cuando la flamante armada de Roma venció a Cartago en sus dos primeras batallas. Los romanos construyeron cien barcos de guerra más y entrenaron a catorce mil marinos. Increíblemente, Roma ganó la batalla del cabo Ecnomo, una de las mayores batallas navales de la historia. Juntos, Roma y Cartago contaban con 300.000 marinos y 680 barcos.

Un barco de guerra trirreme romano°

Sin embargo, la marea se volvió en contra de los romanos cuando atacaron el norte de África. Los invencibles espartanos de Grecia acudieron en ayuda de Cartago. Así, murieron doce mil soldados romanos, y solo quedaron dos mil con vida. Otra flota romana llegó para rescatarlos, pero un ciclón provocó el naufragio más mortífero de la historia. Hundió 320 barcos y ahogó a 100.000 marineros romanos. Cartago pensó que Roma se rendiría tras esta catástrofe, pero Roma jamás se rendía.

Los romanos se reagruparon y volvieron a la carga, venciendo a Cartago en dos batallas más. Luego, otra tormenta asesina hundió 150 barcos, y aquí aparece la historia de las gallinas. El cónsul Pulcher dirigía la armada de Roma en un ataque furtivo contra Cartago. Tenía algunas gallinas sagradas, a las que iba a consultar el futuro. Las gallinas se negaron a comer, un presagio que significaba que la batalla no iría bien. Pulcher se negó a aceptar lo que le decían las gallinas y las arrojó a todas por la borda.

Las gallinas tenían razón. Pulcher perdió la batalla. Fue tal el desastre, que fue obligado a volver a Roma y fue acusado de impiedad por ahogar a las gallinas sagradas. En el 241 a. C., tras construir una nueva flota de barcos, Roma se impuso y Cartago se rindió. Roma ganó Sicilia, su primer territorio fuera de Italia; y Cerdeña, una gran isla al norte de Sicilia.

Cartago tenía colonias en la costa de Iberia (España). Tras la guerra, amplió su poder hasta abarcar casi toda España. La riqueza procedente de esta provincia ayudó a Cartago a recuperarse de las pérdidas de su guerra con Roma. El comandante en jefe de Cartago era Aníbal. En el año 219 a. C., atacó la ciudad de Saguntum, en España, que era un socio comercial de Roma. Mató a todos los adultos de la ciudad. Roma declaró la guerra y comenzó la segunda guerra púnica.

Cuando el general romano Escipión Africano llegó a España, Aníbal ya no estaba. ¿Dónde estaba? Aníbal marchaba hacia el norte con noventa mil hombres, doce mil de caballería y treinta y siete elefantes. Atravesó España, los Pirineos y la Galia (Francia) hasta los Alpes, que separaban Francia de Italia. Con su enorme ejército, Aníbal escaló los Alpes Isère, de trece mil pies de altura, por senderos estrechos y helados y a través de la nieve profunda.

Su objetivo era atacar por sorpresa Italia desde el norte, pero le costó caro. Perdió más de la mitad de su ejército y de sus caballos en la traicionera escalada. Sin embargo, su plan funcionó. Los romanos supusieron que seguía en algún lugar de España, cuando ¡apareció de repente en el norte de Italia! Aníbal arrasó Italia, destruyendo sus tierras de cultivo y venciendo al ejército de Roma, que era mucho más numeroso. En la batalla de Cannae, mató a 50.000 soldados romanos, perdiendo solo 5.700.

Mientras tanto, Escipión el Africano atacó a las fuerzas cartaginesas que quedaban en España y obtuvo una asombrosa victoria. Capturó su tesoro y sus suministros. Luego, navegó hacia Cartago con 440 barcos. Al enterarse de que Escipión atacaba Cartago, Aníbal se apresuró a volver a casa. Envió a sus ochenta elefantes de guerra en una carga contra los romanos, pero Escipión estaba familiarizado con los elefantes. Sus hombres se hicieron a un lado, dejando pasar a los elefantes en estampida, y luego los asustaron con lanzas y los enviaron directo hacia los cartagineses. Una vez más, Roma ganó la guerra. Cartago tuvo que renunciar a su armada. Y tuvo que aceptar no luchar contra nadie sin permiso de Roma.

Roma obtuvo una victoria al desviar los elefantes contra los cartagineses[10]

Roma y Cartago estuvieron en paz durante cincuenta años. Cartago pagaba tributos a Roma y no luchaba contra nadie. Sin embargo, la vecina de Cartago, Numidia, seguía cruzando la frontera y asaltando tierras cartaginesas. Cuando Cartago apeló a Roma, pidiendo permiso para defenderse, Roma le dijo que no. Numidia era aliada de Roma. En la siguiente invasión, Cartago luchó contra Numidia de todos modos. Fue un gran error. Los númidas eran más hábiles de lo que los cartagineses esperaban, y los cartagineses no habían luchado contra nadie en cincuenta años.

A pesar de su amarga derrota ante Numidia en una guerra que libró en defensa propia, Roma castigó a Cartago por romper el tratado. Roma hizo que Cartago enviara a trescientos niños como rehenes y le exigió deshacerse de su ejército y entregar sus armas. Los cartagineses obedecieron. Finalmente, Roma los puso al borde del abismo al ordenarles que se alejaran de la costa y se adentraran en el desierto. Si no podían permanecer junto al mar, perderían su comercio marítimo. Además, en el desierto eran vulnerables a los ataques de las tribus bereberes y estaban indefensos sin su ejército y sus armaduras.

Dadas las condiciones, Cartago se negó a obedecer esta vez, por lo que Roma la sitió durante tres años. Altas y gruesas murallas rodeaban Cartago y los romanos no podían traspasarlas. La malaria dejó a los romanos fuera de combate durante semanas. Finalmente, Roma nombró cónsul al apuesto y capaz Escipión Emiliano, que era nieto adoptivo del general Escipión Africano. Lo enviaron para aplastar Cartago, y así lo hizo. Escipión hizo que sus hombres construyeran una torre junto a la muralla y lanzaran una pasarela por encima. Una vez que los romanos entraron, arrasaron e incendiaron Cartago. Todos los que no escaparon fueron asesinados. Roma controlaba ahora el antiguo imperio marítimo de Cartago.

Conquista de Grecia

Mientras luchaba contra Cartago, Roma también luchaba por el control de Grecia y Macedonia. El rey Filipo V de Macedonia atacó ciudades del mar Adriático que eran aliadas comerciales de Roma, y Roma respondió invadiendo a los aliados de Filipo en Grecia (Grecia no era un país, sino múltiples ciudades-estado que a menudo luchaban entre sí). Filipo ganó esta guerra y ganó territorio en Grecia.

Tras vencer a Cartago, Roma se dirigió a Grecia y tomó el territorio de Filipo en el 197 a. C. Cuando Perseo, el hijo de Filipo, se convirtió en rey de Macedonia, intentó unir a las ciudades-estado griegas contra Roma, pero Roma aplastó sus esfuerzos y capturó Macedonia. Entonces, los romanos invadieron Grecia. Roma saqueó e incendió Corinto en el 146 a. C. Con ese movimiento, empezó a controlar toda Grecia.

¿Qué era el triunvirato?

Julio César y Pompeyo eran generales brillantes que luchaban sin descanso. Ganaron muchos territorios para Roma. Sin embargo, los soldados romanos tenían poco. Pompeyo quería que cada soldado obtuviera una parcela de tierra cultivable en el territorio conquistado para, que pudiera mantener a su familia, pero los senadores se opusieron, dado que querían la tierra para ellos. César sugirió una solución para superar al Senado: un triunvirato con tres hombres en el poder.

Pompeyo era popular por sus conquistas en Turquía, Siria y Judea. César planeó que Pompeyo utilizara sus conexiones para conseguir que lo eligieran cónsul. Como cónsul, César aprobaría la ley de tierras de Pompeyo. La tercera persona del triunvirato era Craso, el hombre más rico de Roma. Su dinero ayudaría a elegir a César y a sobornar a los senadores para que votaran a favor del proyecto de ley de tierras. Así se formó la «Banda de los Tres». Consiguieron que César fuera elegido cónsul y que se aprobara el proyecto de ley sobre la tierra. Sin embargo, también provocaron la caída de la República romana.

Actividad

Rodee con un círculo la respuesta correcta a estas preguntas de opción múltiple.

1. ¿Quién construyó el estadio Circo Máximo y el sistema de alcantarillado Cloaca Máxima?
    a. Brutus
    b. Aníbal
    c. Pirro
    d. Tarquinio Prisco
2. ¿Quién encabezó el derrocamiento de la monarquía?
    a. Brutus
    b. Pompeyo
    c. Pulcher
    d. Escipión Africano
3. ¿Quién elegía a los cónsules, censores y pretores?
    a. Todos los ciudadanos varones
    b. Asamblea Centuriata
    c. Senado
    d. Tribunos
4. ¿Cuál fue una de las mayores batallas navales de la historia?
    a. Batalla de Cannae
    b. Batalla del cabo Ecnomo
    c. Batalla de Pydna
    d. Guerra de Troya
5. ¿Quién tiró sus gallinas sagradas por la borda?
    a. Pompeyo
    b. Pulcher
    c. Escipión Africano
    d. Julio César

Clave de respuestas

1. ¿Quién construyó el estadio Circo Máximo y el sistema de alcantarillado Cloaca Máxima?

   d. <u>Tarquinio Prisco</u>

2. ¿Quién encabezó el derrocamiento de la monarquía?

   a. <u>Brutus</u>

3. ¿Quién elegía a los cónsules, censores y pretores?

   b. <u>Asamblea Centuriata</u>

4. ¿Cuál fue una de las mayores batallas navales de la historia?

   b. <u>Batalla del cabo Ecnomo</u>

5. ¿Quién tiró sus gallinas sagradas por la borda?

   b. <u>Pulcher</u>

Capítulo 3: De la República al Imperio

Julio César protagonizó una cadena de acontecimientos que condujeron al siguiente capítulo de Roma, en el cual La República romana se transformó en un imperio. El emperador tenía mucho más poder que los cónsules. Algunos emperadores llevaron a Roma a conseguir muchísimo poder. Otros fueron desquiciados. Al principio de la historia del imperio, un niño nacido en Judea transformó la religión de Roma y cambió el curso de los acontecimientos mundiales.

La guerra civil del César

Julio César ganó las elecciones como cónsul en el 59 a. C. y lo primero que hizo fue aprobar el proyecto de ley de Pompeyo sobre la tierra. Cuando el otro cónsul, Bíbulo, amenazó con vetar el proyecto de ley, los seguidores de César le arrojaron caca. Bíbulo se sintió tan avergonzado, que se quedó en casa el resto del año. César ganó fácilmente las votaciones, sobre todo porque Craso llenó los bolsillos de los senadores.

Tras su mandato de un año como cónsul, César se convirtió en gobernador de la Galia Cisalpina (norte de Italia) y de la Galia Transalpina (sur de Francia). El Triunvirato empezó a desmoronarse cuando murió Julia, la hija de César. Se había casado con Pompeyo para sellar la alianza de su padre. Pompeyo adoraba a su esposa y se le rompió el corazón cuando murió al dar a luz.

Mientras tanto, la política de Roma era un gran desastre. Los políticos sobornaban abiertamente a otros para conseguir que se aprobaran sus proyectos de ley. Los romanos estaban cansados de la república.

—Quizá deberíamos volver a la monarquía —murmuraban—. ¿No sería Pompeyo un rey excelente?

Pompeyo[11]

Pompeyo fue el mayor competidor de César en el intento de hacerse con el poder de Roma. En el 49 a. C., tras ocho años en la Galia, César inició su viaje de regreso a Roma. El Senado dijo a César que enviara a sus soldados a casa antes de entrar en Roma. Marchar hacia Roma con un ejército se consideraba un acto de guerra. César ignoró al Senado y cruzó el río Rubicón con su legión. Hoy en día, **«*cruzar el Rubicón*»** significa llegar a un punto de no retorno o comprometerse con una revolución.

César no hizo daño a nadie en Roma. Habló amablemente con los senadores que no habían huido. Sí asaltó el tesoro público; necesitaba el dinero para su siguiente movimiento: una marcha a España para enfrentarse a Pompeyo. Su ejército cruzó los Alpes, atravesó Francia y bajó a España, tomando a Pompeyo por sorpresa.

Pompeyo huyó a Grecia y César lo persiguió. Tras perder una batalla en Grecia, Pompeyo navegó hacia Egipto. Aquel país vivía su propio drama. Ptolomeo XIII, que tenía trece años, era el faraón egipcio. Su esposa era su hermana mayor y cofaraona, Cleopatra, pero estaban enfrentados. Mientras escapaba de la guerra civil de Roma, Pompeyo aterrizó en medio de la guerra civil de Egipto.

Ptolomeo XIII mató a Pompeyo, esperando ganarse el favor de César, así que poco tiempo después, cuando César llegó, le entregó su cabeza como regalo. Sin embargo, a César no le hizo ninguna gracia. Lloró y exigió un entierro apropiado para su antiguo amigo.

Cleopatra tuvo una estrategia más exitosa para ganarse el apoyo de César. Se convirtió en su amante y unieron fuerzas contra su hermano-marido. Ptolomeo perdió la guerra y se ahogó mientras cruzaba el Nilo.

César era el último hombre vivo del Triunvirato. Cleopatra se casó con otro de sus hermanos, Ptolomeo XIV. Dio a luz al único hijo de César, Cesarión, en el año 47 a. C.

César fue cónsul y luego dictador en Roma, del 49 al 44 a. C. Sus reformas ayudaron a los desempleados y aliviaron la deuda de la plebe. Estableció el **calendario juliano**, que se asemejaba notablemente al que utilizamos hoy en día.

En el 44 a. C., César se convirtió en dictador vitalicio. Rechazó una corona, pero los senadores sabían que Roma se encaminaba de nuevo hacia una monarquía. Tenían que impedir que César obtuviera más poder. En los Idus de Marzo (15 de marzo), 44 a. C., atacaron a César en el Senado, apuñalándolo veintitrés veces. Los ciudadanos de Roma amaban a César, por lo cual su funeral se convirtió en un motín y los senadores huyeron de Italia.

Los senadores asesinaron a César en los Idus de Marzo[13]

El Segundo Triunvirato

César nombró como heredero a su sobrino adolescente, Octavio. Sin embargo, el nuevo cónsul de Roma, Marco Antonio, impidió que Octavio recibiera el título de César. Roma estaba sumida en el caos. Algunos de los asesinos de César prometieron la libertad a los esclavos de Roma si luchaban por ellos. Pero la gente de las provincias italianas amaba a César por su ley acerca de la tierra, así que formaron un ejército para castigar a sus asesinos.

Cuando Antonio terminó su año como cónsul, el Senado lo nombró gobernador de Macedonia. Sin embargo, Antonio quería estar cerca de Roma. En su lugar, exigió el norte de Italia y llevó a su ejército para reclamarlo. Los senadores enviaron a Octavio tras él, pero Antonio se dirigió a la Galia. Unió fuerzas con su amigo Lépido, gobernador de Hispania y parte de la Galia.

Octavio regresó a Roma y descubrió que los senadores tramaban su asesinato. Habían nombrado a Bruto, uno de los senadores que había matado a César, como comandante en jefe del ejército. Sin embargo, parte del ejército estaba formado por las legiones de César de la Galia.

Estos hombres eran ferozmente leales a César. Se pasaron al bando de Octavio, y este se declaró nuevo cónsul de Roma.

El enemigo de un enemigo es un amigo (a veces). Octavio necesitaba ayuda para enfrentarse a los senadores, así que se unió a Antonio y Lépido en el Segundo Triunvirato, en el 43 a. C. Aplastaron a sus enemigos, pero el Triunvirato se desmoronó rápidamente. Primero, Octavio y Lépido se pelearon. Después, Antonio se enamoró de Cleopatra. Conspiraron en secreto para convertir al hijo de Cleopatra, Cesarión, en el heredero de César. Planeaban gobernar Roma a través de él. Octavio declaró la guerra a Antonio y Cleopatra. Los amantes perdieron y se suicidaron. La República romana ya se estaba transformando en el Imperio romano, pero nadie se daba cuenta todavía.

Octavio (César Augusto) fue el primer emperador de Roma[18]

¿En qué se diferenciaba la República del Imperio?

¿Qué cambios se produjeron cuando Roma se convirtió en un imperio? Cuando Octavio regresó de Egipto, planeaba convertirse en emperador. Sin embargo, fue suficientemente inteligente y lo hizo de forma sigilosa y lenta. Fingió ser humilde. Actuó como si estuviera a favor del Senado y de la República. El cambio fue tan gradual, que la gente apenas notó que algo era diferente.

Octavio se convirtió en cónsul en el 31 a. C. y trabajó para volver a estabilizar a Roma. Restauró el poder del Senado, pero este le devolvió mucha autoridad. Los senadores le pidieron que continuara como cónsul después de su primer año de mandato. Las provincias estaban sumidas en el caos tras la guerra civil. Cuando el Senado pidió a Octavio que tomara el control, este aceptó, sonriendo para sí mismo. Controlar las provincias significaba controlar al ejército.

En el año 27 a. C., el Senado concedió a Octavio el título de **Augusto**, que significa «exaltado» o «magnífico». Como César era su apellido, su nuevo nombre fue César Augusto. Más tarde, César se convirtió en un título para los emperadores. El Senado también le dio el título de **princeps senatus, princeps civitatis**, que significa «primero en el Senado, primero entre los ciudadanos». Este había sido el título para el líder del Senado, pero en este momento significaba «emperador».

Augusto no llevó la corona de oro y la toga púrpura que vistió Julio César y que representaban la realeza. Augusto deseaba el poder supremo, pero no quería que nadie lo supiera. Cuatro años más tarde, el Senado otorgó a Augusto plenos poderes sobre el ejército de Roma y sobre todos los gobernadores de las provincias. Con este poder, Augusto duplicó el territorio del Imperio, tomando más de África, Medio Oriente y Europa.

Augusto también estableció el departamento de policía y el de bomberos de Roma, además de un servicio postal. Reestructuró la economía, y organizó un censo y un sistema tributario. Construyó carreteras desde Roma hasta los puntos más alejados del imperio. Aunque Roma se convirtió en un imperio, sus ciudadanos acogieron con satisfacción el cambio. Disfrutaron de la paz y la prosperidad que trajo consigo, al menos en los primeros tiempos.

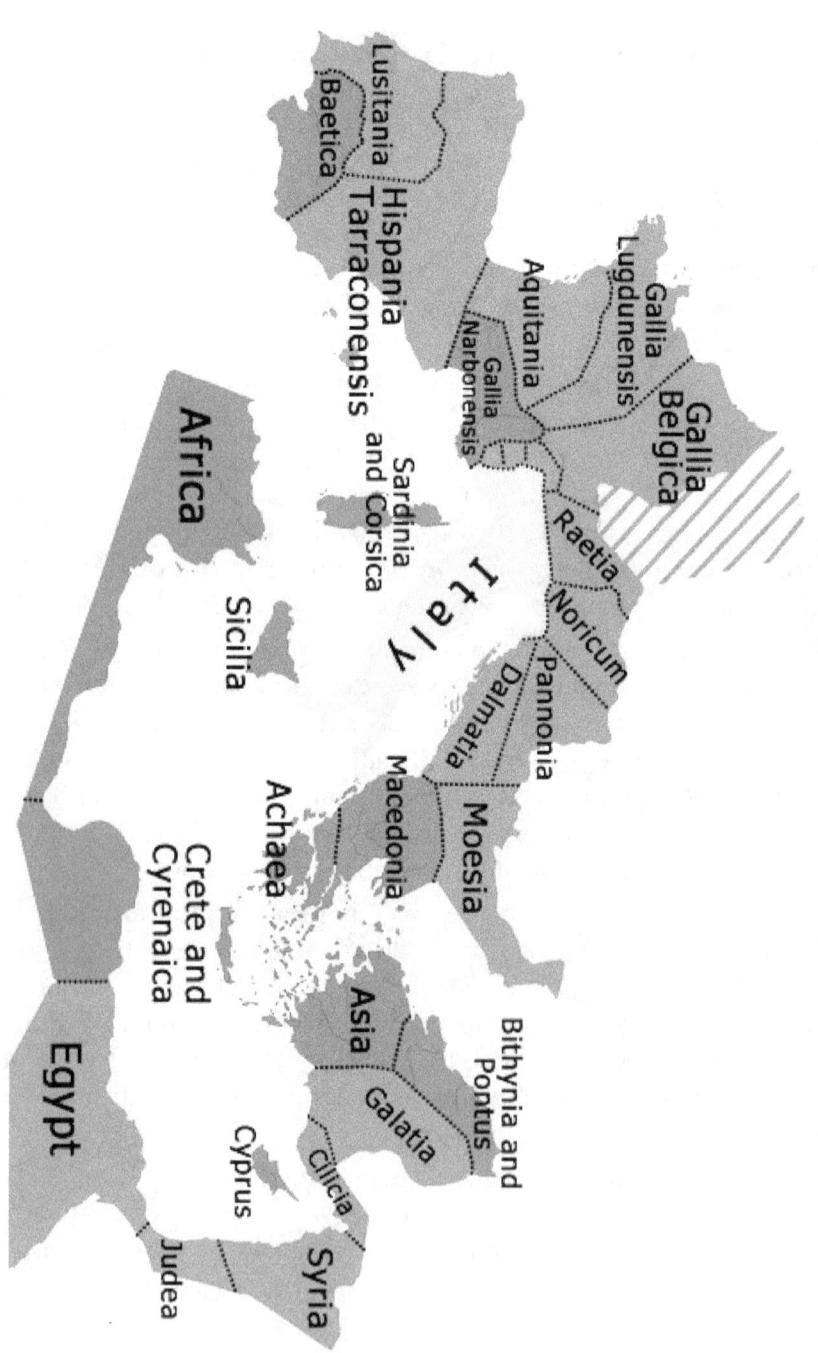

El territorio de Roma al final de la vida de Augusto, en el año 14 d. C.[14]

Un cambio sustancial se dio en el ámbito religioso. Roma siempre había sido **politeísta**, lo que significa que el pueblo adoraba a muchos dioses y diosas. Eso empezó a cambiar en los primeros tiempos del Imperio. Jesucristo nació en la provincia romana de Judea, durante el reinado de Augusto. Las enseñanzas y milagros de Jesús trastornaron este territorio. Algunos judíos esperaban un mesías que los rescatara de la opresión de Roma. Cuando los romanos crucificaron a Jesús, pensaron que era el fin. Sin embargo, solo era el principio.

La primera generación de seguidores de Jesús difundió su mensaje por todo el Imperio romano. Algunos emperadores intentaron erradicarlos. Sin embargo, los intentos de suprimir y perseguir a los cristianos no hicieron sino avivar el fuego. Con el tiempo, los cristianos empezaron a formar parte de todos los estratos de la sociedad romana, incluyendo el Senado. Hacia el año 300 d. C., el 10 % de la población del Imperio romano era cristiana.

Una montaña rusa de dos siglos

César Augusto no tenía hijos, por lo que adoptó a los dos hijos de Julia, hija de su primer matrimonio. Planeó que uno de ellos se convirtiera en el próximo emperador. Para esto, se apoyó de su hijastro, Tiberio. Augusto obligó a Tiberio a divorciarse de su amada primera esposa y a casarse con Julia. Los hijos de Julia murieron jóvenes, así que Tiberio subió al trono en el año 14 d. C., cuando murió Augusto. Tiberio sufrió graves ataques de depresión y pasó la mayor parte del tiempo lejos de Roma.

El sobrino de Tiberio, Germánico, cogobernó con él un tiempo, hasta que fue envenenado. Druso, hijo de Tiberio y de su primera esposa, también murió envenenado. Tiberio no pudo soportarlo. Abandonó Roma para siempre. Dejó a su prefecto pretoriano, Sejano, al mando, sin darse cuenta de que era el envenenador.

Después de que los dos hijos mayores de Germánico también murieron repentinamente, Tiberio se paseaba de un lado a otro en su palacio de la isla de Capri.

—¡Roma es insegura para mi familia! ¿Es Sejano el asesino? ¡Yo confiaba en él! Ahora, solo tengo como heredero al hijo menor de Germánico. ¡Necesito mantener a salvo a Calígula! Lo traeré para que viva conmigo en Capri.

Finalmente, los romanos se hartaron tanto de los planes de Sejano, que fue arrestado y ejecutado. Cuando Calígula se convirtió en emperador, en el año 37 d. C., le fue bien durante los primeros siete meses. Dio primas a los soldados y reanudó las elecciones. Mejoró la economía y comenzó elaborados proyectos de construcción.

Pero entonces, Calígula tuvo una enfermedad con fiebre, probablemente de meningitis o encefalitis. Después, sufrió convulsiones. Como resultado, su personalidad cambió; se volvió cruel. A menudo mataba a la gente sin motivo. Calígula hizo sacerdote a su caballo y lo guardó en un establo de marfil. Tras cuatro años de esta locura, la *Guardia Pretoriana*, una unidad de élite que servía como guardaespaldas del emperador, mató a Calígula.

Emperador Claudio[16]

El tío de Calígula, Claudio, era el único adulto varón que quedaba en la familia. Tenía algunas manías raras. Se reía de repente sin razón; si estaba estresado, decía cosas raras. Sin embargo, Claudio fue un buen emperador. Construyó carreteras, acueductos y puertos. Sus ejércitos tomaron más territorios en Europa. La tercera esposa de Claudio era la hermana de Calígula, Agripina. Ella lo convenció de que adoptara a su hijo Nerón, y luego le dio a Claudio setas envenenadas.

En el año 54 d. C., Nerón se convirtió en emperador. Era incapaz de confiar en su madre, por lo que la exilió, y más tarde mandó que la asesinaran. A medida que envejecía, Nerón se volvía cada vez más inestable. A los treinta años, se comportaba de forma muy irracional. Las provincias europeas occidentales lideraron una revolución, con la esperanza de convertir a Galba, gobernador de España, en el nuevo emperador. Entonces, el ejército romano se volvió contra Nerón, que decidió que su única opción era el suicidio, así que pidió a sus sirvientes que cavaran su tumba. Pero tenía demasiado miedo de suicidarse.

Se volvió hacia los pocos amigos que lo acompañaban.

—¡Que alguien vaya primero!

Cuando ninguno de sus amigos se ofreció, entregó el cuchillo a su secretaria.

—¡Hazlo tú! ¡Mátame ahora!

Tras el suicidio asistido de Nerón, en el año 68 de la era cristiana, siguió para Roma el año de los cuatro emperadores. La noche en que Nerón murió, los senadores anunciaron a Galba como el nuevo emperador. Galba marchó a Roma desde España, aplastando a todas las ciudades que se negaban a aceptarlo como emperador. Solo duró siete meses en Roma. El pueblo se cansó de su crueldad. La Guardia Pretoriana mató a Galba y nombró emperador a Otón.

Sin embargo, en Alemania, las legiones romanas ya habían convertido al gobernador Vitelio en su nuevo emperador. Vitelio marchó sobre los Alpes y las fuerzas romanas del norte de Italia se pasaron a su bando. Cuando Otón se acercaba a Roma, se suicidó. Vitelio gastó todo el dinero de Roma en banquetes. Comía hasta que no podía más. Entonces, se provocaba el vómito para poder comer más. Daba de comer a sus rivales a los leones o los obligaba a luchar como gladiadores.

Mientras tanto, en Judea se habían rebelado contra el dominio romano. Los romanos, dirigidos por el general Tito Flavio Vespasiano, lucharon contra ellos. Cuando los soldados romanos de Judea se enteraron del caos en Roma, gritaron:

—¡Roma necesita un verdadero líder! Vespasiano debería ser el nuevo emperador.

Vespasiano dejó a su hijo Tito para aplastar la revuelta judía y se dirigió a Roma. Las fuerzas de Vespasiano mataron a Vitelio, y Vespasiano gobernó durante diez años, dando comienzo a la dinastía Flavia.

El Coliseo, construido en los reinados de Vespasiano y Tito[16]

En el año 70 d. C., el hijo de Vespasiano, Tito, incendió Jerusalén. Destruyó el templo y mató a más de medio millón de judíos, que se habían reunido en la ciudad para celebrar la Pascua. Esclavizó a otros sesenta mil y los envió a Roma para construir el Coliseo. Mientras tanto, Vespasiano subió los impuestos para reparar los daños causados por la guerra civil. La gente incluso tuvo que pagar un impuesto para utilizar los baños públicos. Burlonamente y en honor a su emperador, la población bautizó los aseos con el nombre de *Vespasianos*.

Cuando Vespasiano murió, en el año 79 d. C., Tito se convirtió en emperador. Fue el primer emperador que era biológico de otro emperador. Terminó de construir el Coliseo, el anfiteatro más grande del mundo. Los romanos acudían a él para ver carreras de cuadrigas, luchas de gladiadores y cacerías de animales.

Tres desastres asolaron Italia durante los dos años de reinado de Tito. Roma ardió durante tres días y un brote de enfermedad mató a miles de personas. Además, el volcán Vesubio hizo erupción en el sur de Italia, disparando piedra pómez y ceniza a diez millas de altura. La ceniza caliente y los gases venenosos mataron a todos los habitantes que no pudieron escapar. La ceniza que cubrió los cuerpos se endureció, formando un caparazón. En la década de 1800, el arqueólogo Giuseppe Fiorelli vertió yeso en los caparazones y formó moldes que eran estatuas de las víctimas.

Estatua de una víctima de la erupción del Vesubio[17]

El hermano menor de Tito, Domiciano, fue el último emperador de la dinastía Flavia. Era un poco raro, como muchos de los primeros emperadores de Roma. Le gustaba cazar moscas y clavarles una aguja. Despojó al Senado de su poder e impuso impuestos muy elevados. Domiciano también persiguió a judíos y cristianos. Temía desesperadamente ser asesinado, y sus temores se hicieron realidad cuando un sirviente de palacio lo apuñaló hasta la muerte.

El Senado instaló al anciano Nerva como nuevo emperador, lo que dio inicio a la dinastía Antonina. Fue el primero de los llamados *cinco buenos emperadores*, que devolvieron a Roma el orden y la prosperidad. Reformó la economía, redujo los impuestos y dio tierras a las personas en situación de pobreza. Tras menos de dos años, murió de un ataque al corazón. Su hijo adoptivo, Trajano, se convirtió en emperador. Trajano fue un gobernante perspicaz, que creó un programa de bienestar para huérfanos y niños pobres. Durante su reinado, el Imperio romano contaba con cerca del 25 % de la población mundial. El hijo adoptivo de Trajano, Adriano, se convirtió en emperador cuando su padre murió por una insolación, en el año 117 d. C.

Los veinte años de Adriano como emperador llevaron el Imperio un nivel más allá. Pasó gran parte de su tiempo en Europa occidental, África y Oriente Próximo. Construyó carreteras y ciudades.

A su muerte, en 138 d. C., su hijo adoptivo, Antonino Pío, se convirtió en emperador. Su reinado fue más pacífico que el de cualquier otro emperador. Pío era tan bueno con las finanzas, que llenó el tesoro de Roma con dinero de sobra. Fue el primer emperador que inició relaciones diplomáticas con China. Su muerte, en el 161 d. C., dejó a sus hijos adoptivos, Marco Aurelio y Lucio Vero, como coemperadores.

Marco Aurelio era un erudito, mientras que a Lucio Vero le gustaba la caza y los deportes. Los partos de Persia invadieron Armenia, así que Vero se dirigió al este para ahuyentarlos. Cuando sus hombres drenaron una sección del río Orontes para construir un canal de navegación, descubrieron un ataúd de dieciocho pies con los huesos de un gigante. Vero desalojó con éxito a los partos y regresó a Roma como un héroe.

Mientras tanto, Marco Aurelio liberó a los esclavos y supervisó el cuidado de los huérfanos de Roma. En el año 165 d. C., sobrevino la peste antonina, que probablemente fue un brote de sarampión o de viruela. Mató a cinco millones de personas en el Imperio, incluido Lucio Vero. Marco murió en el 180 d. C., poniendo fin a la *Pax romana*.

¿Qué fue la *Pax romana*? (27 a. C.-180 d. C.)

Pax Romana significa en latín «paz romana». Sin embargo, no todo fue perfecto durante esta época. Roma tuvo sus altibajos. De todas formas, el Imperio romano se extendía desde Britania hasta el norte de África y el oeste de Asia. Esta zona disfrutó de una paz nunca vista que duró dos siglos, desde Octavio hasta Marco Aurelio. Las legiones romanas imponían la ley y el orden en todas las provincias, manteniendo las carreteras del Imperio casi a salvo de bandidos y los mares libres de piratas.

Toda esta zona tenía un gobierno central y dos lenguas principales (latín y griego *koiné*). La *Pax romana* dio lugar a un asombroso crecimiento del comercio, la ingeniería y la cultura. El cristianismo se extendió como la pólvora. El Imperio romano alcanzó la mayor extensión de su historia durante esta época y su población creció hasta alcanzar los setenta millones de habitantes.

Actividad

Defina la palabra o frase que aparece a continuación. Recuerde que las respuestas están al final del libro si necesita ayuda.

1. Galia Transalpina
2. «Cruzando el Rubicón»
3. Calendario juliano
4. Idus de marzo
5. Segundo Triunvirato
6. *Princeps senatus, princeps civitatis*
7. Politeísta
8. Coliseo
9. Peste antonina
10. *Pax Romana*

Clave de respuestas

1. **Galia Transalpina:** Sur de Francia
2. **«Cruzando el Rubicón»:** Llegar a un punto de no retorno o comprometerse con la revolución
3. **Calendario juliano:** Calendario de Julio César con 365 días y un día extra en febrero cada cuatro años.
4. **Idus de marzo:** 15 de marzo, cuando los senadores mataron a Julio César
5. **Segundo Triunvirato:** Una alianza hecha en el 43 a. C. entre Octavio, Antonio y Lépido
6. *Princeps senatus, princeps civitatis*: «Primero en el Senado, primero entre los ciudadanos» Originalmente el título de líder del Senado, más tarde significó «emperador», a partir de César Augusto.
7. **Politeísta:** Que adora a muchos dioses y diosas
8. **Coliseo:** El mayor anfiteatro de la historia antigua, donde los romanos se reunían para carreras de cuadrigas, luchas de gladiadores y cacerías de animales.
9. **Peste Antonina:** Una epidemia que comenzó en el año 165 d. C., al parecer de sarampión o viruela. Mató a cinco millones de personas en el Imperio.
10. *Pax Romana*: «Paz romana». Dos siglos de relativa paz, desde el 27 a. C. hasta el 180 d. C. En este lapso, las legiones romanas impusieron la ley y el orden en todo el Imperio, permitiendo que florecieran el comercio, la ingeniería y la cultura. Esto promovió la propagación del cristianismo.

Capítulo 4: El ejército romano

El ejército romano sorprendió repetidamente al mundo antiguo al ganar batallas en contra de todo pronóstico. El ejército y la armada de Roma fueron los ingredientes clave en la construcción de un imperio que se extendía por tres continentes.

¿Qué condujo al éxito tan increíble? Los romanos eran muy obstinados y se negaban a rendirse. Incluso si perdían la primera vez, volvían a la carga en la batalla. Cuando combinaban esta naturaleza decidida con su capacidad de organización, sus armas letales y su asombrosa tecnología, eran una fuerza imparable.

¿Cómo estaba constituido el ejército romano?

Una *centuria* era la unidad más pequeña del ejército romano, constaba de cien soldados. Más tarde, tuvieron ochenta soldados, con ocho hombres durmiendo en cada tienda. Un oficial, llamado **centurión**, era el líder de cada centuria. ¿Cómo se convertía alguien en centurión? En primer lugar, tenía que ser un soldado sobresaliente para recibir este ascenso. Tenía que ser estricto con los hombres a sus órdenes y predicar con el ejemplo.

Seis centurias componían una *cohorte*, que contaba con entre 480 y 600 hombres. Una *legión* constaba de diez cohortes, entre cuatro mil y seis mil hombres. La primera cohorte de una legión estaba formada por los guerreros más experimentados y hábiles. La décima cohorte, por su parte, la componían los nuevos reclutas.

¿Cuántas legiones tenía Roma? A principios de la República romana, Roma solo contaba con unos doce mil soldados, organizados en dos legiones. Cuando pasó a tener cuatro legiones, Roma pudo conquistar el sur de Italia. Cuando empezó el Imperio, contaba con unas veintiocho legiones, que servían en Europa, el norte de África y Asia occidental. Los comandantes de las legiones se llamaban *legatus legionis*, y los tribunos militares servían a sus órdenes. Organizaban el mando, se ocupaban de la logística y dirigían a los ejércitos en la batalla.

Este mural de un soldado romano estaba en una casa de Pompeya. Quedó cubierto por tres metros de ceniza de la erupción del Vesubio en el año 79 d. C.[18]

¿Cómo se reclutaba a los soldados?

A principios de la República romana, los soldados solían ser reclutados. Sin embargo, debían ser terratenientes. La mayoría de los soldados procedían de Roma. Las tribus vecinas, etruscas, latinas y sabinas, también enviaban mil soldados cada año para servir en el ejército. Como la mayoría de los soldados eran campesinos, Roma solo hacía la guerra en verano, después de que hubieran sembrado y antes de la cosecha de otoño. Roma no disponía entonces de un ejército a tiempo completo.

El general Mario se convirtió en uno de los cónsules de Roma en el año 107 a. C. Roma estaba librando una larga guerra en Numidia (Argelia), en África. Mario quería ganar la guerra rápidamente, pero tenía un problema, no tenía suficientes soldados. ¿Por qué? Bueno, no había suficientes terratenientes. Así, Mario decidió reformar el ejército. Su primer cambio fue permitir que los hombres que no poseían tierras se alistaran.

Otro cambio drástico fue el reclutamiento de soldados voluntarios, aunque se seguían utilizando reclutas.

—¡Si se presentan voluntarios, estarán más dispuestos a luchar! —dijo Mario al Senado.

Mario también recompensó el servicio fiel en el ejército, concediendo tierras a los soldados. Aunque no estaba garantizado, era un incentivo; ahora, los pobres tenían una forma de ascender a la clase media y poseer tierras. Este cambio en el reclutamiento recibió críticas por parte de los romanos más ricos.

—¿En qué está pensando? La lucha es un arte noble destinado solo a las clases altas. Siempre ha sido así. Ahora, cualquiera puede ser voluntario.

—Sí, pero ¿es eso tan malo? Ahora tenemos suficientes soldados para derrotar a Numidia.

—¡Tonterías! Solo quiere ganarse el favor de la clase media. Ellos lo eligieron.

—Tal vez, pero estos hombres sin propiedades no tienen granjas de las que preocuparse, no tienen que volver para plantar. Mario está formando un ejército a tiempo completo, que puede luchar todo el año. Roma puede gobernar el mundo.

—¡Ja! Su cabeza está en las nubes. ¿Han oído que nuestro gobierno debe pagar las armaduras y las armas de los soldados? ¡Estaremos en bancarrota!

—Podemos pagarlo con el botín de las conquistas. Antes, algunos de nuestros soldados se endeudaban, porque después de ser reclutados debían gastar dinero que no tenían en espadas, lanzas y armaduras. Luego, tenían que abandonar sus granjas para luchar, y a veces no regresaban a tiempo para la cosecha. No tenían forma de alimentar a sus familias ni de pagar sus deudas. ¿Sabían que algunos volvían de la guerra solo para ser enviados a la prisión de deudores?

Cayo Mario[19]

Un siglo más tarde, César Augusto formó la *Guardia Pretoriana*, que protegía al emperador de cualquier complot en su contra. Sin embargo, la Guardia Pretoriana a veces se unió a los complots contra los emperadores que odiaba. Augusto solo utilizaba soldados de tiempo completo y bien entrenados, en lugar de tener una mezcla de soldados de tiempo parcial y de tiempo completo. Los soldados no solo procedían de Italia. En el reinado de Nerón, la mitad de los soldados romanos procedían de provincias de Europa, el norte de África y Asia occidental.

¿Cómo era la formación?

Los soldados romanos necesitaban correr largas distancias mientras cargaban con su equipo, por lo que debían ser excepcionalmente fuertes y capaces de soportar dificultades. Los ejercicios de entrenamiento les enseñaban a luchar de forma organizada. Josefo fue un comandante e historiador judío que luchó contra los romanos. Informó de cómo la rígida disciplina de los soldados romanos les ayudaba a derrotar a ejércitos mucho mayores.

Tras ser reclutados, los soldados romanos pasaban cuatro meses en entrenamiento. Primero, aprendían a marchar y a correr en formación. Tenían que marchar a toda velocidad con su pesado equipo durante veinte millas romanas (18,4 de las millas actuales o 29,6 kilómetros) en cinco horas. También debían aprender a nadar para cruzar ríos. A continuación, se entrenaban en el uso de sus armas y practicaban simulando batallas entre sí. Otra lección importante era obedecer al instante las órdenes de los oficiales.

¿Cómo eran castigados por pasarse de la raya?

Si un soldado no seguía una orden, se enfrentaba a un duro castigo. Si huía de la batalla, era condenado a muerte, porque ponía en peligro a sus compañeros. Era golpeado o apedreado hasta la muerte. A veces, los soldados eran ejecutados por acciones como robar en el campamento, dar pruebas falsas o cometer el mismo delito tres veces. Otros castigos incluían descuentos de su paga o azotes públicos.

¿Cómo eran recompensados?

Los generales romanos se preocupaban por recompensar a los soldados valientes o hábiles. Después de cada batalla, el general pronunciaba un discurso elogiando a los soldados que lo habían hecho especialmente bien, y otorgaba premios especiales por ciertas cosas. Si un soldado hería al enemigo, recibía una lanza nueva. El primero en escalar la muralla de una ciudad, recibía una corona de oro. Las condecoraciones especiales en sus uniformes recompensaban otras hazañas.

Los soldados vitoreaban a quienes obtenían estas recompensas. Cuando volvían a casa, sus familias celebraban sus logros. Colgaban con orgullo sus recompensas para que todos pudieran verlas al entrar en sus casas. Sus ciudades natales organizaban desfiles en los que los soldados lucían coronas u otras condecoraciones. La atención prestada a las recompensas animaba a los soldados a ser mejores combatientes.

Armas y armaduras

Los soldados romanos llevaban tres armas: una espada, una daga y una lanza. La daga, o *pugio*, resultaba útil si el enemigo le quitaba la espada a un soldado. Los funcionarios romanos las llevaban en Roma para defenderse. Nunca se sabía cuándo los otros senadores intentarían matarlos. En el siglo II a. C., los soldados empezaron a utilizar la espada española de hierro. Su hoja medía veinticinco pulgadas (sesenta y tres centímetros), lo que resultaba ideal para el combate uno contra uno en un campo de batalla abarrotado.

El *pilum* era una lanza que pesaba hasta cinco libras (dos kilogramos). Medía seis pies y medio de largo (dos metros). Su mango (asta) era de madera, y el resto de hierro. Los soldados solían lanzar sus *pilum*. El hierro era algo blando y la punta de la lanza a menudo se doblaba con el impacto. Esto se hacía a propósito, para evitar que el enemigo no pudiera tomar una lanza y utilizarla contra los romanos.

Los soldados de la República romana llevaban un escudo redondo, llamado *scutum*. Durante el Imperio romano, utilizaban un escudo largo y rectangular de color rojo y amarillo. Los escudos tenían un *jefe* en el centro, una protuberancia en forma de cono que podía utilizarse como arma, estrellando el escudo contra el enemigo. Los soldados de la República romana llevaban cascos de montefortinos que parecían gorras de béisbol de hierro puestas hacia atrás. En el Imperio romano, los cascos eran más elaborados. A menudo tenían una protección para las mejillas y una sección que protegía la nariz.

Estatua de la armadura de un soldado alrededor del año 130 a. C.[20]

Los soldados del Imperio romano solían llevar armaduras hechas de tiras de metal superpuestas que les cubrían los hombros, la parte superior de los brazos, el pecho y la espalda. A veces, la parte que cubría el pecho era una pieza sólida de metal. Otro tipo de armadura era la cota de malla, que estaba hecha con pequeños círculos de hierro unidos entre sí. Era flexible, por lo que permitía a los soldados moverse mejor.

Un tercer tipo de armadura era la armadura de escamas, en la cual pequeñas escamas de metal se cosían sobre tela, superpuestas unas a otras.

Formaciones tácticas

En los primeros tiempos, los soldados romanos copiaban la posición de la falange griega cuando se preparaban para la batalla. Se colocaban hombro con hombro, con sus escudos ligeramente superpuestos. Esto formaba un muro que protegía a la primera línea de flechas y lanzas. Los soldados situados detrás de la primera línea empujaban con sus escudos a los soldados situados delante de ellos. Cientos de hombres se movían al unísono en un grupo apretado, con sus lanzas sobresaliendo por delante. Después de que Alejandro Magno conquistó Asia occidental, los romanos copiaron su formación, añadiéndole su propio sello. La *formación manipular* tenía unidades más pequeñas, de 120 hombres cada una. Cada *manípulo* actuaba por su cuenta, con un comandante subalterno que daba las órdenes.

Tecnología de asedio

El ejército romano utilizaba ingenieros, por lo que tenían muchas estrategias para irrumpir en ciudades con muros altos y gruesos. Construían torres sobre ruedas, que empujaban cerca de las murallas. Los soldados en lo alto de la torre podían disparar flechas a la ciudad. Incluso podían entrar en la ciudad utilizando una pasarela. Las catapultas lanzaban enormes rocas contra las murallas, derribándolas. También llenaban ollas con aceite, les prendían fuego y utilizaban las catapultas para arrojarlas por encima de la muralla. Tito utilizó este método contra Jerusalén.

Los soldados romanos treparon por las murallas de Jerusalén utilizando escaleras portátiles. Los ingenieros excavaron túneles bajo los muros de la ciudad para desestabilizarlos, haciendo que se derrumbaran. Cuando el general romano Vespasiano atacó Jotapata en Galilea, el general Josefo se encontraba en la ciudad. Estaba en una colina escarpada que impedía a los romanos acercarse con sus máquinas de asedio. Escribió que los romanos talaron árboles y utilizaron tierra y rocas para construir un terraplén.

Una vez construido, los romanos pudieron poner en acción sus catapultas y arietes, que eran vigas enormes con una cabeza de hierro en un extremo, que colgaban mediante cuerdas de una torre con ruedas. Los soldados tiraban de la viga hacia atrás y luego la soltaban, haciendo que se estrellara contra la muralla, hasta que finalmente la derrumbaban. Aunque los judíos vertieron ollas de aceite ardiendo sobre sus atacantes, al final los romanos tomaron la ciudad.

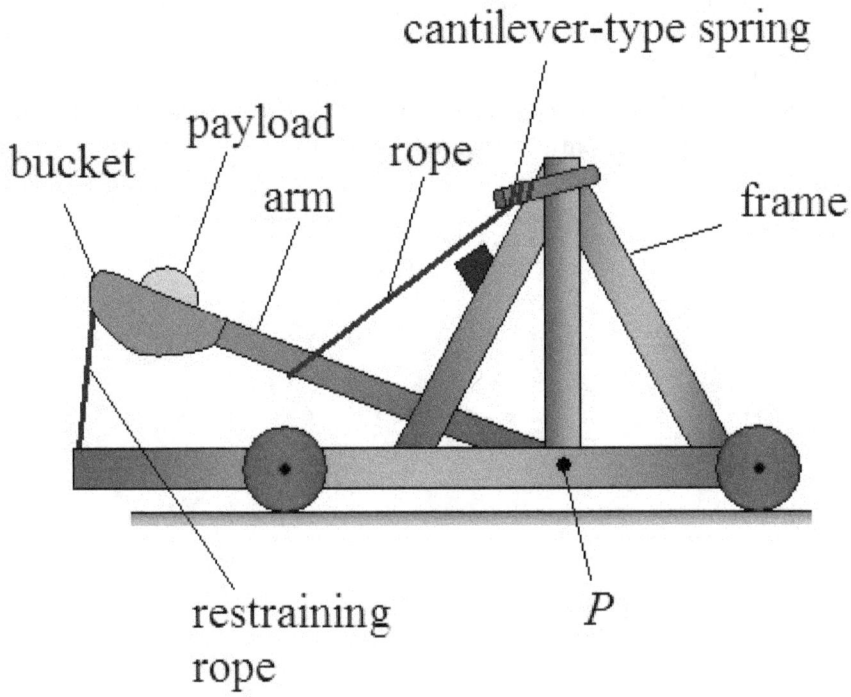

Las catapultas lanzaban rocas o ardientes vasijas de aceite contra una ciudad sitiada[11]

¿Por qué establecían campamentos base?

Cuando el ejército romano marchaba a través de vastos territorios, establecía **campamentos de marcha** donde descansaban. Protegían su campamento cavando una zanja a su alrededor y erigiendo una muralla o muro defensivo. Unos troncos con extremos puntiagudos protegían el muro. Estos campamentos tenían suministros y servían como base de operaciones. Si los soldados salían a luchar y perdían la batalla, podían volver corriendo al campamento, que les proporcionaba un lugar seguro para reagruparse.

¿Qué era un triunfo?

Las victorias merecen una celebración. Los romanos celebraban sus victorias bélicas con un *triunfo*. Consistía en un impresionante desfile encabezado por el comandante, que vestía una túnica púrpura y una corona de hojas de laurel. Mientras ondeaban las banderas y sonaba la música, los generales y sus soldados exhibían sus botines como elefantes, carros, joyas y oro. La multitud enloqueció al ver a los reyes y reinas capturados con grilletes de oro. Las ceremonias duraron todo el día con discursos, recompensas para los soldados y banquetes.

Capítulo 5: Patricios, plebeyos y esclavos

Los patricios, los plebeyos y los esclavos eran los tres grupos principales de la antigua sociedad romana. Los patricios creían que tenían derecho a gobernar sobre todos los demás. Los plebeyos eran la gente del medio, de clase trabajadora, que al principio no tenían influencia en el gobierno, pero eso cambió con el paso del tiempo. Los esclavos tenían poco poder y nada que decir sobre lo que ocurría en el gobierno.

¿Cómo era la vida de un patricio?

Los patricios estaban en la cima de la sociedad. Eran ricos terratenientes de familias nobles. Cuando Roma era un reino y una república primitiva, los patricios controlaban la política, la religión y el ejército. Eran los senadores, los sumos sacerdotes y los oficiales militares. La mayoría de los patricios tenían grandes plantaciones, cultivadas por personas esclavizadas. Los plebeyos y los esclavos libertos que trabajaban en las ciudades y talleres vinculados a las plantaciones se denominaban *clientes*.

Un padre patricio, o ***patrón***, se ocupaba de sus «clientes», que formaban parte de la «familia» ampliada. Si tenían que acudir a los tribunales, él los representaba. Concertaba matrimonios, les ayudaba en los negocios, les concedía préstamos y les proporcionaba alimentos y protección. Al amanecer, el patrón se reunía con los clientes que necesitaban ayuda. Tras finalizar los negocios, sus clientes le acompañaban al Foro. Llegar al Foro con un gran grupo de clientes era un símbolo de estatus para los mecenas.

¿Dónde vivían los patricios? La mayoría de las familias patricias poseían dos viviendas. Una era una casa adosada en la ciudad, llamada *domus*. La otra era una elegante villa en los suburbios o en una plantación. Los hombres patricios solían permanecer en la *domus* durante la semana y se relajaban en sus villas los fines de semana. Las mujeres y los niños pasaban más tiempo en las villas, pero acudían a la ciudad para las cenas y las fiestas.

Elaborados murales y estatuas decoraban la entrada de las *domus*, que tenía un **atrio**, donde una abertura en el techo dejaba entrar la luz y la lluvia. Un estanque bajo esta abertura recogía el agua lluvia, con tuberías que conducían a una **cisterna** subterránea, un recipiente que retenía el agua. Las habitaciones que rodeaban el atrio incluían el despacho del patrón, donde sus clientes se reunían con él a primera hora de la mañana. También gestionaba allí sus negocios.

La villa tenía mucho espacio para que los niños jugaran en hermosos jardines. Tanto el *domus* como la villa tenían un gran comedor con mosaicos de azulejos en el suelo y brillantes murales. A los patricios les encantaba organizar cenas. Los invitados se reclinaban en sofás y comían en pequeñas mesas.

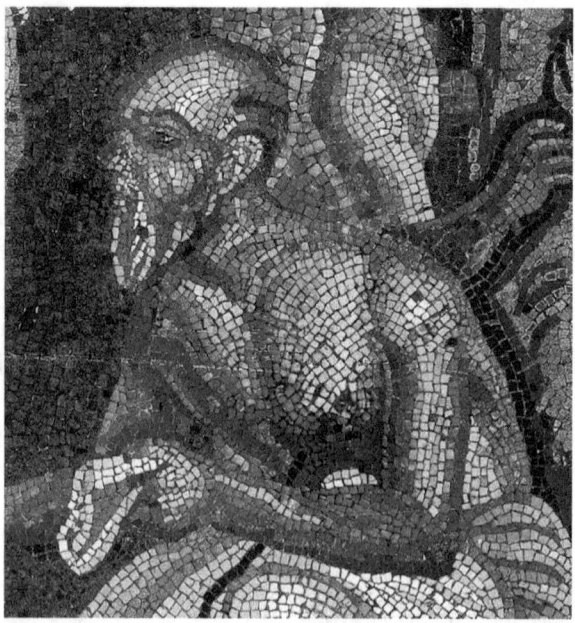

Un mosaico de azulejos de Livio Andrónico, el primer maestro de escuela de Roma[22]

¿Y la escuela? En los primeros tiempos de Roma, los padres enseñaban a sus hijos. En el año 272 a. C., un patricio llamado Livio compró a un prisionero de guerra griego llamado Andrónico. Era muy culto, así que Livio le encargó que diera clases particulares a sus hijos. Más tarde, Livio Andrónico (tomó el apellido de su dueño, como la mayoría de los esclavos) consiguió su libertad y abrió una escuela privada. Se puso de moda entre los patricios comprar esclavos griegos para que enseñaran a sus hijos o enviarlos a una escuela dirigida por un liberto griego.

La mayoría de los niños y niñas patricios recibían educación. Los niños y niñas de clase alta podían aprender en casa o asistir a un *ludus*, o escuela primaria. Estas escuelas eran informales. Se reunían en una casa, en un edificio público o en un lugar tranquilo al aire libre. Los tutores enseñaban a leer, a escribir y matemáticas. Los alumnos aprendían a leer, tanto latín como griego, centrándose en la poesía histórica griega escrita por Homero y Hesíodo.

El grammaticus era un tipo de escuela media para chicos entre once y catorce años. Las chicas no solían asistir, porque se casaban al comenzar la adolescencia. En el *grammaticus*, los chicos aprendían oratoria, historia, geografía, literatura y mitología. Algunos adolescentes terminaban la escuela a los quince años, pero unos pocos continuaban estudiando **retórica** (pronunciar un discurso) con un maestro llamado **retórico**. Cuando un muchacho patricio cumplía dieciséis años, se graduaba de la escuela. Tras una ceremonia especial, podía vestir la toga blanca, lo que significaba que era un ciudadano de pleno derecho. Las togas se llevaban principalmente en acontecimientos especiales, para mostrar el estatus social de cada persona.

¿Cómo era la vida de un plebeyo?

Los plebeyos eran todos los habitantes de Roma que no eran patricios ni esclavos. Algunos tenían pequeñas granjas, pero la mayoría vivía en pueblos o ciudades. Eran tenderos, artesanos, trabajadores de la construcción y panaderos. Los que poseían tierras podían servir en el ejército. Tras las reformas de Mario, más plebeyos se presentaron voluntarios o fueron reclutados por el ejército. Algunos plebeyos se convirtieron en oficiales militares.

Los padres plebeyos enseñaban a sus hijos lectura, escritura y matemáticas básicas. La mayoría de los niños plebeyos trabajaban con sus padres en las tiendas o en las granjas, por lo que tenían poco tiempo para ir a la escuela. Cuando algunas familias plebeyas se hicieron ricas, contrataron tutores o enviaron a sus hijos a la escuela. Las niñas se casaban entre los doce y los catorce años. En un tipo de matrimonio, el marido «compraba» el derecho a controlar a su esposa al padre de ella. Otras veces, la pareja simplemente se iba a vivir junta. Si vivían juntos durante un año, el marido «poseía» a su mujer. Sin embargo, si ella se ausentaba del hogar durante tres noches en el año, él no podía tener control sobre ella.

La plebe de las ciudades vivía en edificios de apartamentos, se llamaban *insulae*. Hasta cincuenta personas vivían en un edificio de entre tres y cinco pisos. En el primer piso había tiendas. En una época, las *insulae* superaban los cinco pisos. Sin embargo, los terremotos de Roma derribaban los edificios altos cada pocos años, cuando no eran consumidos por el fuego. César Augusto promulgó leyes que exigían que los edificios de viviendas no superaran los cinco pisos. También necesitaban muros más gruesos y resistentes. Nerón ordenó a los constructores que utilizaran menos madera y más piedra y ladrillo. Además, era obligatorio que hubiera un espacio entre cada edificio.

Una *insulae* construida en el siglo III a. C.[35]

Inicialmente, los plebeyos de Roma casi no tenían influencia política. A partir de principios de la República, las tensiones entre patricios y plebeyos estallaban ocasionalmente. Cuando los patricios se ponían abusivos, la plebe encontraba una forma inteligente de darle la vuelta a la situación. Se declaraban en huelga, cerraban sus tiendas y se iban de vacaciones al campo. Esto paralizaba a Roma. No había tiendas abiertas, no había quien limpiara las calles, horneara pan o repartiera cosas. Los soldados plebeyos incluso se negaban a luchar.

Después de varios días, los patricios estaban dispuestos a discutir las cuestiones que molestaban a la plebe. ¿Cuál era su principal queja? Los senadores aprobaban nuevas leyes, pero no las anunciaban al público. Esperaban a que alguien infringiera la ley y lo arrestaban. A la plebe le disgustaba pagar multas o ir a la cárcel por una ley de la que no sabían nada. A lo largo de los siglos, los plebeyos fueron ganando más control político. En el 494 a. C., consiguieron su propia Asamblea Plebeya. A partir del 312 a. C., podían ser senadores. Muchos plebeyos se hicieron ricos y poderosos.

¿Quiénes eran los hermanos Graco?

A finales de la República romana, los ricos eran cada vez más ricos y los pobres cada vez más pobres. Tiberio y Cayo Graco eran dos tribunos plebeyos que intentaron llevar a cabo una reforma social. Roma estaba adquiriendo muchas tierras nuevas con las nuevas conquistas de los romanos en Europa, el norte de África y Asia occidental. Cuando se convirtió en tribuno, en el 133 a. C., Tiberio quería dividir estas tierras en pequeñas granjas para que los veteranos de guerra y los pobres tuvieran una forma de mantenerse. Sin embargo, los senadores ricos querían la tierra para ellos. Acusaron falsamente a Tiberio y agitaron a una turba, que lo golpeó con sillas de madera hasta matarlo.

Una década más tarde, Cayo se convirtió en tribuno. Apoyó la redistribución de tierras de su hermano. También quería que el gobierno pagara las armas y armaduras de los soldados. Los hombres pobres reclutados para el servicio a menudo se endeudaban comprando su equipo. El Senado declaró a Cayo enemigo del Estado y volvió a azuzar a la turba. Cayo se suicidó antes de que lo mataran. Unas dos décadas más tarde, el cónsul Mario hizo que el gobierno empezara a pagar las armaduras y las armas de la plebe. Sin embargo, aún había que hacer algo con respecto a las tierras para los veteranos y los plebeyos pobres.

Marco Livio Druso se convirtió en tribuno en el año 91 a. C. Continuó impulsando las reformas por las que habían luchado y muerto los hermanos Graco. Intentó conseguir más tierras para la plebe. Otra de las políticas que impulsó fue la ciudadanía para las personas que vivían en Italia y procedían de otras tribus. Muchas ciudades italianas proporcionaban soldados y apoyo a las guerras de Roma, y querían el derecho al voto y la protección de la ley romana. Un asesino se coló en la casa de Druso y lo mató, truncando su incansable defensa. Finalmente, en el 59 a. C., Julio César y Pompeyo aprobaron la ley de redistribución de la tierra.

¿Cómo era la vida de un esclavo?

En la antigua Roma, las personas esclavizadas constituían alrededor del 20 % de la población, pero no tenían derechos. La mayoría de los esclavos eran prisioneros de guerra. Antes de ser capturados, procedían de todas las clases sociales. Algunos esclavizados eran plebeyos que se vendían a sí mismos o a sus hijos como esclavos, para pagar una deuda o porque no tenían suficiente comida. Si una mujer esclava tenía un bebé, el niño quedaba automáticamente esclavizado, aunque el padre fuera un hombre libre.

Los piratas surcaban los mares, capturando tripulaciones y pasajeros y vendiéndolos como esclavos. Los piratas cilicios incluso capturaron a Julio César cuando era joven. Sin embargo, no lo vendieron, ya que pertenecía a una familia noble. En su lugar, su familia pagó un rescate para recuperarlo. En los meses que tardó en negociar su libertad, César advirtió a los piratas que los crucificaría. Ellos se rieron, pero él no bromeaba. Después de que lo liberaran, formó una milicia. Navegó de vuelta a su escondite en la isla, los capturó y los crucificó.

Cuando Roma luchó contra Cartago en la segunda guerra púnica, Aníbal capturó a miles de soldados romanos. Ofreció a Roma la posibilidad de pagar un rescate por ellos, pero el Senado se negó. Aníbal vendió sus prisioneros de guerra a los griegos, y trabajaron como esclavos en Grecia durante veinte años, hasta que el general romano Flaminino rescató a 1.200 de ellos al invadir Grecia.

En este mosaico del siglo II, un esclavo, a la izquierda, sostiene agua y toallas, y los dos esclavos grandes sirven vino[24]

El trabajo de los esclavizados dependía de su educación y de sus ocupaciones anteriores. Los niños y las niñas esclavos trabajaban a menudo como sirvientes en las casas de los patricios ricos. Las plantaciones patricias contaban con cientos de esclavos que realizaban las tareas agrícolas. Los esclavos también llevaban a cabo los enormes proyectos de construcción de Roma. Aquellos con habilidades o educación avanzada trabajaban como artesanos, bailarines, maestros, escribas, médicos, pintores, ingenieros o arquitectos. Algunos esclavos con formación militar fueron entrenados para ser gladiadores.

La ley romana no daba ninguna protección a las personas esclavizadas. Algunos amos eran amables, pero otros golpeaban a sus esclavos, los violaban, torturaban y mataban. El gobierno no hizo nada durante la República romana. Cuando Roma se convirtió en un imperio, las personas esclavizadas recibieron más derechos. El emperador Nerón les permitió quejarse ante los tribunales por los malos tratos. El emperador Pío dijo que un amo que matara a su esclavo podía ser declarado culpable de asesinato.

Algunos amos dejaron que sus esclavos compraran su libertad. Otros los liberaban sin cobrarles y les ayudaban a establecer una nueva vida. A los griegos les parecía increíble que personas anteriormente esclavizadas pudieran convertirse en ciudadanos. Los romanos recordaron que Rómulo había acogido a antiguos esclavos en su nueva ciudad y les había dado la ciudadanía. Un esclavo romano no podía casarse, pero podía entablar una relación con una mujer y tener hijos. Si más tarde ambos obtenían la libertad, podían casarse legalmente.

Un propietario de esclavos podía liberar a una mujer esclavizada y luego casarse con ella. Ella no tenía voz en el asunto y no podía divorciarse, a pesar de que el divorcio solía estar permitido en Roma. Técnicamente, los propietarios de esclavos podían separar a una familia esclava, pero normalmente respetaban y apoyaban la relación. Incluso ponían instrucciones en sus testamentos para mantener unidas a las familias de esclavos.

¿Qué ocurrió cuando los esclavos italianos se rebelaron?

Espartaco era un soldado de Tracia (la actual Bulgaria) al que los romanos capturaron y vendieron a una escuela de gladiadores. La escuela entrenaba a hombres y mujeres. Sí, en Roma había mujeres gladiadoras. Tenían que aprender un tipo particular de combate que se realizaba en el Circo Máximo o en el Foro (antes de que se construyera el Coliseo). Las gladiadoras seguían una coreografía a la hora de luchar, que a veces les obligaba a aceptar un golpe mortal de su oponente en función del deseo de su amo. No todas las competiciones acababan con la muerte, pero pocos gladiadores vivían más de veinticinco años.

Mosaico de gladiadores romanos[65]

En el año 73 a. C., Espartaco y 78 de sus compañeros gladiadores tramaron una fuga.

—Sin duda moriremos si nos quedamos aquí —dijeron—. ¿Por qué no arriesgarnos en el exterior?

—¿Adónde vamos? —preguntó alguien.

—¡Podríamos ir al norte y cruzar las montañas hacia la libertad! —respondió Espartaco.

Entonces, los gladiadores robaron cuchillos de la cocina y escaparon. Caminaron hasta el monte Vesubio (152 años antes de que explotara y sepultara a Pompeya). Por el camino, se les unieron otras personas esclavizadas. Asaltaron pueblos, ciudades y campos en busca de comida y más armas. Roma envió al comandante Clodio para capturarlos.

—¡Ja! Están arriba en la montaña, y mi ejército está aquí abajo. ¡Están atrapados! ¡Nos sentaremos aquí y dejaremos que se mueran de hambre!

Una de las laderas del Vesubio era un acantilado escarpado. Los romanos no se preocuparon de proteger ese lado. Los esclavos tejieron escaleras de cuerda con lianas y descendieron por el acantilado hacia la libertad. Las tropas romanas seguían apostadas al pie de la montaña cuando recibieron la noticia de que los fugitivos vagaban por Italia. El Senado se enfureció.

—¡Ya son diez mil combatientes!

El Senado ordenó a ambos cónsules tomar sus legiones y matar a los esclavos. Mientras tanto, el ejército de esclavos se dividió en dos grupos. Uno se quedó en el sur de Italia, pensando en seguir viviendo como forajidos. Ese plan no acabó bien. Una legión romana rodeó y mató a la mayor parte de ese grupo. Los fugitivos, liderados por Espartaco, emprendieron el largo camino hacia el norte, hacia los Alpes. Querían cruzarlos. Sin embargo, en el camino, quedaron atrapados entre dos ejércitos romanos. Pero Espartaco tenía un as bajo la manga.

Espartaco y muchos de sus hombres procedían de Tracia y eran excelentes jinetes. Mientras vagaban por Italia, reunieron cientos de caballos y formaron una caballería. En esta época, el ejército romano no utilizaba mucho los caballos para la batalla. El ejército de esclavos sorprendió a los romanos totalmente al cargar *contra* ellos con sus caballos y robarles las provisiones. Luego corrieron hacia el norte de Italia.

Llegaron a la base de los Alpes, pero los hombres perdieron el ánimo ante la vista de los imponentes picos.

—Miren toda la nieve y el hielo que hay allí arriba. ¡Nuestros caballos no pueden escalar eso! Tenemos que esperar hasta el verano.

—Bueno, ¿qué hacemos ahora? No podemos quedarnos aquí y dejar que los romanos nos atrapen.

—Volvamos al sur y crucemos a la isla de Sicilia. Sus esclavos se rebelaron hace cincuenta años. Perdieron, pero apuesto a que podemos iniciar una nueva rebelión. Con nuestras fuerzas conjuntas, ¡podríamos apoderarnos de Sicilia!

Así que regresaron al sur, a la punta de la bota de Italia. Tenían que averiguar cómo cruzar el estrecho, así que encontraron a unos piratas que accedieron a llevarlos a Sicilia. Sin embargo, los piratas tomaron el dinero y desaparecieron en el horizonte. El comandante romano Craso pensó que los tenía atrapados en el estrecho de Mesina. Cavó un largo canal para mantenerlos acorralados. No esperaba que construyeran una presa sobre el canal y escaparan.

Para entonces, el ejército de esclavos se había dividido en varios grupos más pequeños para eludir a las fuerzas romanas con mayor eficacia. El grupo de Espartaco incluso ganó una batalla contra Craso en la que los romanos tenían ventaja. Pero se volvieron engreídos y pensaron que podrían vencer a los romanos pasara lo que pasara. Espartaco intentó advertirles, pero no escucharon e insistieron en librar otra batalla. Entonces, Espartaco mató a su caballo.

—Si muero, no necesitaré el caballo. Si ganamos, robaré uno a los romanos.

Resultó que no necesitaba el caballo. Espartaco y muchos de los esclavos murieron en la batalla. Los romanos capturaron a seis mil fugitivos y los crucificaron. Roma recompensó a Craso por derrotar a los esclavos nombrándolo cónsul en el año 70 a. C.

Actividad

Imagine que tiene la misma edad que ahora, pero que vive en la antigua Roma. Decida si es un patricio, un plebeyo o un esclavo. Escriba una entrada de diario describiendo su día a día.

Capítulo 6: Ocio, entretenimiento y economía

¿Qué les gustaba hacer a los antiguos romanos durante su tiempo libre? Una de las actividades favoritas era acudir al Foro o al Circo Máximo. Allí podían ver malabaristas, bailarinas, gladiadores y carreras de cuadrigas. Tras la apertura del Coliseo, en el año 80 d. C., la gente acudía en masa. Veían simulacros de batallas navales, obras dramáticas y, por supuesto, concursos de gladiadores y carreras de cuadrigas. Lamentablemente, muchos de los entretenimientos romanos eran crueles con las personas y los animales.

Gladiadores

La mayoría de los gladiadores eran prisioneros de guerra o criminales. Sin embargo, a principios del Imperio romano, los hombres se presentaban como voluntarios para luchar. Estaban ansiosos por mostrar su experiencia en la lucha ante el rugido de las multitudes. Por supuesto, también buscaban la fama y los premios en metálico que recibían los vencedores. Incluso los patricios se unieron a algunos simulacros de batalla para demostrar sus habilidades. En el siglo II d. C., el emperador Cómodo saltó a la arena vestido como el dios Mercurio.

¿Cuándo empezó Roma a celebrar concursos de gladiadores? En la Roma primitiva, las familias celebraban combates de gladiadores en los funerales de los nobles para honrar sus habilidades. Creían que la sangre que manaba de los luchadores purificaba el alma del muerto. Estos espectáculos funerarios de gladiadores seguían celebrándose en tiempos de Julio César, que organizó contiendas con cientos de gladiadores para honrar la memoria de su padre y de su hija.

La mayoría de los combates de gladiadores eran entre dos hombres de tamaños y habilidades similares. Un árbitro vestido con una túnica blanca supervisaba cada combate. Aproximadamente uno de cada cinco combates acababa con la muerte de un luchador. Normalmente, si uno hería al otro, el árbitro terminaba el combate.

Los concursos de gladiadores tenían diversas variantes. Una lucha típica era entre dos hombres con espada o escudo. Otros luchaban a caballo o en carros. Los gladiadores **retiarius** luchaban con una red y un **tridente** (una lanza de tres puntas). Intentaban capturar a su oponente con la red.

Un mosaico del siglo III d. C. de gladiadores *retiarius* y un árbitro[36]

Antes de un combate de gladiadores, los promotores pegaban carteles por todas partes. Anunciaban quién lucharía, el tipo de música que habría y qué comidas habría a la venta. El propietario de la escuela de gladiadores organizaba un banquete para los gladiadores la noche anterior. La contienda comenzaba con un desfile hasta la arena y actuaciones musicales. Luego seguían las ejecuciones de los prisioneros condenados y, finalmente, comenzaban las batallas de los gladiadores. Los ganadores recibían una rama de palma y un premio, como una corona o dinero. Algunos incluso ganaban su libertad.

Caza de animales

Otro acontecimiento sanguinario que atraía a las multitudes eran las cacerías de animales salvajes. Llegó a Roma procedente de Grecia, en el año 189 a. C., después de que Roma derrotara a la Liga Etolia de Grecia. Este tipo de entretenimiento se remontaba al menos a los tiempos de Alejandro Magno, que celebraba concursos con leones contra hombres y perros. En Roma, las cacerías de animales implicaron a gladiadores que luchaban contra grandes felinos, como panteras y leones.

¿Qué mantenía al público a salvo de los animales? Nada. El público del Circo Máximo y del Foro se jugaba la vida. No había ninguna barrera que impidiera a los animales salvajes atacarles. Normalmente, las cacerías de animales salvajes tenían lugar por la mañana y los concursos de gladiadores por la tarde. Miles de animales morían cada día, aunque a veces mataban primero a sus cazadores. En la inauguración del Coliseo, nueve mil animales salvajes murieron en las crueles cacerías.

¿Qué animales utilizaban los romanos para estas cacerías? La mayoría de los animales procedían de las nuevas tierras de Roma en África y Oriente Próximo. Algunos de los animales que entretenían a las multitudes con sus sangrientas muertes eran rinocerontes, jirafas, cebras, avestruces, camellos, cocodrilos, leopardos, osos, elefantes, hipopótamos y leones.

Ejecución por animales

A veces, en lugar de que los cazadores mataran a los animales, se invertían los papeles. Los animales cazaban y mataban a los humanos. Este tipo de ejecución se llamaba **_damnatio ad bestias_** o «condena de las bestias». El público de Roma no se cansaba de esta retorcida práctica. A principios del Imperio, algunos emperadores, como Nerón y Trajano, mataron a los cristianos de esta forma. Obligaban a los cristianos a sacrificarse a los dioses romanos o a ser devorados por los animales.

Carreras de carros

La antigua Roma tenía cuatro equipos de carreras de carros o carreras de cuadrigas llamados Rojo, Azul, Blanco y Verde. Cada equipo tenía sus propios establos con entrenadores, peluqueros, herreros y veterinarios (sí, en Roma había veterinarios). Las carreras de cuadrigas eran enormes. Podía haber hasta veinticuatro carreras cada día. Hasta ochocientos caballos corrían cada día en el Circo Máximo. En la parte recta de la pista, los caballos alcanzaban las 45 millas (72 kilómetros) por hora.

Este panel del Circo Máximo muestra un equipo de cuadrigas aproximándose a una curva[27]

¿Quién conducía los carros? Los jefes de equipo compraban jóvenes esclavos y los entrenaban en el arte de la cuadriga. Las carreras de cuadrigas eran un negocio peligroso. Aunque los aurigas llevaban cascos y protectores, los choques mataban a muchos muchachos. El conductor llevaba las riendas alrededor de la muñeca izquierda y sujetaba el látigo con la mano derecha. Si se caía del carro, era arrastrado, por lo que llevaba un cuchillo para cortar las riendas. Tenía que salir rodando de la pista y apartarse del camino de los caballos que corrían a toda velocidad. A veces, los accidentes masivos implicaban a varios carros que chocaban en una curva. Los romanos los llamaban «naufragios».

Un asombroso número de conductores murieron en su adolescencia. Un famoso auriga llamado Escorpio ganó 2.048 carreras y muchas bolsas de oro, antes de morir en un accidente a los 26 años. Otro famoso conductor, Gaius Appuleius Diocles, corrió durante 24 años y ganó 1.462 carreras. Sobrevivió y se retiró como un hombre fabulosamente rico.

Bailarines, malabaristas y acróbatas

Cuando los romanos conquistaban nuevas tierras, siempre buscaban bailarines profesionales, malabaristas, acróbatas y otros artistas. Luego, los llevaban a Italia como esclavos para entretener en desfiles, carreras de cuadrigas y luchas de gladiadores. Los bailes en la antigua Roma normalmente eran actuaciones. No era algo que hacían simplemente por diversión, excepto en algunos festivales religiosos. Las danzas podían ser divertidas, terroríficas o sensuales. Las bailarinas españolas ganaron fama por dar patadas con los pies más altas que sus hombros.

Pantomimus era un espectáculo de danza que representaba una historia mediante movimientos corporales, gestos con las manos y máscaras. Los bailarines no hablaban. Era similar a un mimo, salvo que contaba una historia, normalmente de naturaleza divina, en lugar de limitarse a divertir a la gente. Además, los bailarines no utilizaban expresiones faciales, ya que llevaban máscaras.

Los malabaristas proporcionaban entretenimiento antes o durante las competiciones en el Coliseo o el Circo Máximo. Algunos malabaristas utilizaban las manos y los pies para mantener bolas en el aire, otros utilizaban varias partes de su cuerpo para mantener una bola de cristal en el aire. Un malabarista increíblemente hábil llamado Agathinus hacía malabares con un escudo, cogiéndolo con los pies y haciéndolo rebotar con la espalda y la cabeza para mantenerlo en constante movimiento. ¡Algunos expertos hicieron incluso malabares con cuchillos! Mientras los malabaristas entretenían a la multitud en el suelo, los acróbatas bailaban sobre cuerdas flojas en lo alto.

Un mural de Pompeya de acróbatas bailando en la cuerda floja[28]

Simulacros de batallas navales

Julio César quería celebrar sus triunfos en Francia y Egipto, así que organizó un enorme simulacro de batalla naval en el año 46 a. C. Hizo excavar un lago artificial junto al río Tíber y lo llenó con el agua del río. Los obreros de César construyeron asientos de mármol para los espectadores patricios. El simulacro de batalla contó con doce barcos de guerra romanos.

El emperador Claudio organizó una batalla naval falsa aún más grandiosa en el año 52 d. C. en el lago Fucino, en el norte de Italia. Esta batalla contaba con cien barcos y diecinueve mil prisioneros condenados como marinos. Cabe preguntarse por qué tenía tantos hombres condenados a morir. Antes de la batalla, los prisioneros que esperaban ahogarse o morir en el combate saludaron al emperador diciendo: «¡Los que están a punto de morir te saludan!»

El emperador Tito ordenó cien días de juegos para celebrar la gran inauguración del Coliseo en el año 80 d. C. Uno de los extravagantes espectáculos incluía una batalla naval. Hizo inundar el Coliseo y los marineros utilizaron barcos de fondo plano, ya que el agua solo tenía 1,5 metros de profundidad. Una isla artificial en medio del lago artificial proporcionaba un lugar para que los marineros saltaran a tierra y lucharan.

Teatro

A los antiguos romanos les encantaba copiar a los griegos. Una cosa que copiaron fue el teatro. El drama romano se centraba en tragedias y comedias. Después de que una plaga azotara Roma en el siglo IV a. C., los romanos pensaron que representar obras de teatro como parte del culto a los dioses ayudaría a acabar con la epidemia. Livio Andrónico, el primer maestro de Roma, se involucró un siglo más tarde. Había sido un erudito griego antes de ser capturado y conocía bien el drama griego. Tradujo obras griegas al latín y también escribió obras propias.

Un mosaico que muestra las máscaras utilizadas en tragedias y comedias[39]

Baños y aseos romanos

Los baños romanos eran mucho más que un lugar para asearse. La gente se reunía en los baños para relajarse, leer, encontrarse con sus amigos y hacer negocios o tratos políticos. Los baños eran similares a un lujoso balneario actual. Tenían múltiples salas decoradas con arcos, estatuas y mosaicos. Los baños públicos disponían de lugares para hacer ejercicio, vestuarios, piscinas exteriores, baños interiores de diversas temperaturas, salas de vapor y lugares para recibir masajes. Pueblos y ciudades de toda Italia y las provincias romanas disponían de baños públicos.

Los romanos construyeron el templo de Mercurio cerca de Nápoles en el siglo I a. C. Tiene la cúpula de hormigón más antigua que se conserva. Con setenta y un pies (veintidós metros) de diámetro, también era la cúpula más grande construida hasta ese entonces. La cúpula cubría los baños. Los baños se construían a menudo en los templos o junto a ellos. Los romanos ricos tenían baños privados en sus casas, pero también utilizaban los baños públicos para socializar.

Los plebeyos no tenían retretes en sus apartamentos. Tenían que utilizar un orinal o correr por la calle hasta el baño público más cercano. Arrojaban la orina y las heces por la ventana, por lo que la gente de la calle tenía que mantenerse alejada de la línea de fuego. También tenían que andar con cuidado alrededor de los desaguisados de las malolientes calles de Roma. Los barrios plebeyos de Roma tenían retretes públicos anexos a los baños públicos. Cuando los baños se vaciaban, el agua fluía por las tuberías hasta la sala de retretes. Barría las canaletas situadas bajo las letrinas y las limpiaba.

Un baño público[80]

Un baño público era una habitación grande con un banco contra las paredes. Tenía varios huecos donde la gente podía sentarse para hacer sus necesidades. La privacidad al usar el retrete no existía. Los agujeros estaban tan cerca que los muslos de una persona podían rozar a la persona sentada en el agujero de al lado. Un pequeño canalón de agua corría alrededor de la habitación, justo delante de donde estaban los pies de las personas sentadas en el retrete. En cada retrete había un palo con una esponja marina en el extremo. La gente utilizaba estas esponjas para limpiarse el trasero y luego las enjuagaba en el chorro de agua.

¿Qué ocurría en el Foro de Roma?

El Foro de Roma era el centro neurálgico de la ciudad. Era un mercado, un centro de entretenimiento y un lugar de culto. El Foro era un lugar de reunión rectangular al aire libre en el centro de Roma. La gente se reunía para escuchar discursos políticos y asistir a las elecciones. Hacían negocios y se reunían con sus amigos. Los desfiles, los concursos de gladiadores y los espectáculos acrobáticos siempre atraían a una gran multitud. Gran parte de la arquitectura que rodeaba el Foro seguía el estilo griego. Sin embargo, los romanos pusieron su propio sello en el Foro, con cúpulas y arcos de triunfo.

El arco de Septimio Severo en el Foro[81]

¿Qué impulsó la economía de Roma?

Roma comerciaba con las tierras que rodeaban el mar Mediterráneo. Siria actuaba como centro de comercio oriental, recibiendo seda, perfumes, ginseng y otros tesoros de China e India, que enviaba a Roma. Siria también criaba camellos y caballos de carreras y los enviaba a Roma, junto con sus leones y leopardos autóctonos. Los artesanos de Sidón (Líbano) utilizaban el soplete para fabricar vasijas de vidrio soplado. Los romanos no se cansaban de estos exquisitos vasos. Los fenicios fabricaban un tinte púrpura muy popular a partir del caracol marino murex, y los romanos lo compraban por más de 1.000 denarios (unos 1.150 dólares) la libra. Cuando Roma entró en guerra contra el Imperio parto, los persas cortaron *la Ruta de la Seda*, las rutas terrestres y marítimas que llevaban la seda y otros artículos desde Asia oriental hasta el Mediterráneo. El precio de la seda se disparó en Roma. Cuando el gobierno intentó establecer precios fijos para la seda, los mercaderes no pudieron sobrevivir.

Roma importaba cobre y oro de España, aceite de oliva de Libia y vino de Francia. Los barcos traían estaño, plata y lana de Gran Bretaña y marfil de África. Roma utilizó una forma estándar de dinero (monedas de oro y plata) para facilitar el comercio en los tres continentes. Una vez que Roma obtuvo el control de casi todos los países que rodeaban el mar Mediterráneo, pudo ejercer un comercio marítimo razonablemente seguro. Los piratas ya no eran una amenaza para los barcos como antes.

Egipto era el granero de Roma. Italia no disponía de suficientes tierras agrícolas para mantener a la creciente población. En cambio, Egipto producía tres veces más trigo y cebada de lo que necesitaba para alimentar a su propio pueblo. El río Nilo se desbordaba cada año, dejando el suelo húmedo y lleno de nutrientes. Los egipcios también disponían de un sofisticado sistema de irrigación para sus cultivos, incluso en épocas en las que no llovía. Egipto enviaba anualmente veintiséis millones de toneladas de grano a Roma durante el Imperio romano.

Sin embargo, con el grano llegó la muerte. Entre los años 249 y 263 d. C., la peste de Cipriano se extendió desde Alejandría, en Egipto, hasta Roma. La gente enfermaba repentinamente de diarrea, vómitos y fiebre. Sus ojos sangraban y sus brazos y piernas se ennegrecían con la muerte de los tejidos. Nadie había visto una plaga tan aterradora. Incluso adolescentes y adultos jóvenes sanos morían. Probablemente se trataba de un filovirus, como el ébola. Miles de personas morían cada día en Roma, y la enfermedad devastó al ejército.

Actividad

Los antiguos romanos colgaban carteles para anunciar concursos de gladiadores, carreras de cuadrigas, obras de teatro y otros acontecimientos. Elija un acontecimiento y confeccione su propio cartel promocional. Puede ser creativo con los colores y las ilustraciones. Recuerde poner la fecha y la hora, los nombres de las estrellas del espectáculo y los aperitivos que habrá a la venta.

Capítulo 7: Logros clave de la antigua Roma

¿Dónde estaríamos hoy sin los logros de Roma? Roma construyó excelentes carreteras y acueductos. La tecnología y el pensamiento político de la antigua Roma cambiaron la forma de hacer muchas cosas y de dirigir los gobiernos. La huella de Roma en el mundo sobrevivió a su colapso. Moldeó civilizaciones y gobiernos a lo largo de los milenios. Es difícil comprender todas las partes de nuestras vidas que tienen ecos de la antigua Roma.

Hormigón

Piense en todas las cosas hechas de hormigón. Caminamos por aceras de hormigón, conducimos por puentes de hormigón y dejamos nuestros autos en estacionamientos de hormigón. ¿Sabía que más del 70 % de los edificios donde vivimos, trabajamos o vamos a la escuela están construidos con hormigón? ¿A quién tenemos que agradecérselo? Los antiguos romanos nos dieron este material de construcción increíblemente resistente.

Los romanos utilizaron el hormigón para construir sus carreteras, acueductos y edificios abovedados. Incluso lo utilizaban para calentar sus casas. ¿Cómo fabricaban el hormigón? Empezaban con cal, quemando rocas calizas y mezclándola con agua. Después, mezclaban la cal con ceniza volcánica, arena, escombros de ladrillo y pequeños trozos de piedra caliza. Muchos edificios, puentes y acueductos que los romanos construyeron hace dos mil años siguen en pie hoy en día. De hecho, el hormigón romano era mejor que el actual.

¿Cuál era su secreto? En 2022, científicos del Instituto Tecnológico de Massachusetts y de la Universidad de Harvard decidieron averiguarlo. Un ingrediente fácilmente disponible (gracias al monte Vesubio) era la ceniza volcánica, que ayudaba con la resistencia. Sin embargo, los investigadores descubrieron que esos diminutos trozos de piedra caliza eran aún más importantes. Los romanos utilizaban mucho calor al mezclar el hormigón, lo que producía una reacción química. Todos sabemos que el hormigón puede agrietarse, pero cuando se formaban grietas en el hormigón romano y el agua se filtraba por ellas, ¿adivine qué ocurría? Esos diminutos trozos de piedra caliza reaccionaban con el agua, se cristalizaban y rellenaban las grietas. ¿No es asombroso?

Un termopolio o un restaurante de comida rápida[33]

Termopolio: Comida para llevar

¿Con qué frecuencia pasa por su restaurante de comida rápida favorito para comer? ¿Sabía que en Roma había comida rápida? Los plebeyos que vivían en las *insulae* no tenían cocinas en sus apartamentos, así que tenían **termopolios**. Un termopolio, un lugar donde se vendía comida caliente, era una cocina de una sola habitación con un mostrador de piedra en la parte delantera. El mostrador tenía agujeros, en los que cabían grandes tarros de barro que contenían comida caliente, frutos secos y fruta deshidratada. Algunos de los termopolios solo vendían comida para llevar. Otros tenían mesas y sillas donde los clientes podían sentarse.

Calefacción por suelo caliente

¿No le encantaría despertarse una mañana fría y poner los pies sobre un suelo caliente? ¡Los romanos también lo pensaban! Un **hipocausto** es un sistema de calefacción que se encuentra bajo el suelo. El calor asciende. Así pues, un suelo caliente no solo mantiene alta la temperatura de los dedos de los pies, sino que también puede mantener caliente una habitación. Los romanos construyeron hipocaustos para calentar sus baños públicos. Algunos romanos ricos utilizaban este sistema de calefacción en sus casas adosadas y villas.

¿Cómo funcionaba la calefacción por suelo caliente? En primer lugar, el edificio tenía un sótano de alrededor de un metro de profundidad, que estaba relleno de pilares cortos hechos de ladrillo u hormigón. Los pilares tenían la parte superior plana sobre la que descansaba el primer piso del edificio. Un horno ardía constantemente y enviaba calor a la zona del sótano. También calentaba el agua para los baños. Conductos o tubos en las paredes elevaban el aire frío fuera del sótano.

Acueductos y alcantarillas

El pueblo minoico de Creta y los antiguos iraquíes desarrollaron un sistema primitivo para mover el agua a través de canales cortos o tuberías de arcilla. Sin embargo, los romanos llevaron la tecnología de los acueductos literalmente a nuevos niveles. Movían el agua a través de kilómetros de tuberías que atravesaban montañas y sobre altas estructuras que atravesaban valles. El acueducto francés de Pont du Gard se elevaba 49 metros (161 pies) en el aire.

¿Cómo mantenían los romanos el agua en movimiento a través de las tuberías cuando tenía que atravesar montañas? Utilizaban sifones invertidos en forma de U, que bajaban y luego volvían a subir. La fuerza del agua que corría cuesta abajo la empujaba de nuevo hacia arriba a través de la tubería. Roma tenía once acueductos que llevaban el agua a grandes depósitos en la ciudad. Desde allí, las tuberías hacían correr el agua por Roma para los baños, la bebida, la cocina y los retretes.

El acueducto de Pont du Gard en Francia[88]

El agua sucia tenía que ir a alguna parte, así que los romanos construyeron la **Cloaca Máxima** cuando Roma aún era un reino. Fue una de las primeras cloacas del mundo. Se construyó para eliminar las aguas residuales y drenar las tierras pantanosas de Roma. ¡Era lo suficientemente grande como para que pasara por ella un carro de heno! ¿Sabía que partes de esta antigua cloaca se siguen utilizando hoy en día?

Todos los caminos conducen a Roma

Las *viae romanae* o calzadas romanas recorrían Europa, el norte de África y Asia occidental. Esta red viaria llegó a cubrir 750.000 millas (1.200.000 kilómetros). La función principal de las calzadas era permitir viajes rápidos. Los militares podían marchar rápidamente veinte millas al día para hacer frente a levantamientos u otras emergencias. Estas calzadas también mejoraron enormemente el comercio en los tres continentes. Las calzadas romanas estaban tan bien construidas, que algunas conservan aún hoy, dos mil años después, sus adoquines originales. Otras sirvieron como base para las carreteras modernas.

¿Cómo construían los romanos sus calzadas? Empezaban cavando una zanja ancha, que rellenaban con cuatro capas. En el fondo había tierra, luego grava y después ladrillos. Las losas de roca o los adoquines formaban el pavimento en la parte superior. Los romanos hacían sus carreteras para que duraran; podían resistir inundaciones y terremotos. La parte central de la calzada era ligeramente más alta, para que el agua de lluvia drenara hacia los lados. Los postes indicadores marcaban las millas que faltaban para llegar a la siguiente ciudad.

Roma comenzó a construir su extraordinario sistema de carreteras a principios de la República romana. En el 450 a. C., la Ley de las Doce Tablas, las primeras leyes escritas de la antigua Roma, decía que las carreteras debían tener dos metros y medio de ancho. El gobierno de Roma pagaba la construcción de las carreteras, pero las provincias tenían que mantener y reparar las vías que atravesaban sus tierras. Los romanos excavaron túneles a través de las montañas y construyeron puentes sobre ríos y valles profundos. El puente Pons Fabricius, construido en el año 62 a. C., sigue en pie hoy en día sobre el río Tíber en Roma.

El puente Pon Fabricius en Roma[84]

Alimentar a los pobres: el primitivo sistema de bienestar social de Roma

A finales de la República y del Imperio, Roma importaba grano, principalmente de Egipto. El gobierno lo vendía con descuento a los ciudadanos más pobres en tiempos de emergencia. A principios del Imperio, el gobierno proporcionaba pan gratis a una quinta parte de la población. También ofrecía entretenimiento barato para mantener contenta a la población pobre. Los emperadores esperaban que si alimentaban y entretenían a los más pobres, era menos probable que surgieran protestas. Las personas en situación de pobreza recibían lo suficiente para alimentar a dos personas; si tenían familias numerosas, tenían que ingeniárselas para alimentarlos a todos.

El calendario romano y los números romanos

Supuestamente, el fundador de Roma, Rómulo, desarrolló el primer calendario romano. Tenía diez meses y empezaba en marzo. El siguiente rey lo cambió a doce meses siguiendo el año solar. En la República romana, el año duraba 355 días. Sin embargo, esto no funcionaba con el año solar. Julio César lo revisó en el 45 a. C., utilizando el calendario egipcio como modelo. Ahora, el año tenía 365 días, y todos los meses, excepto febrero, tenían treinta o 31 días. Febrero tenía 28 días, excepto el año bisiesto, que ocurría cada cuatro años, cuando tenía 29.

Roma comenzó a utilizar **los números romanos** en sus primeros tiempos, copiando a sus vecinos etruscos. Las letras representaban números. La letra «I» era uno, la «V» era cinco, la «X» era diez y la «L» era cincuenta. La «C» representaba cien, la «D» quinientos y la «M» mil. Las combinaciones de estas letras formaban otros números. ¿Y los números grandes? El año 2024 es MMXXIV. Los números romanos se utilizan hoy en día para el título de reyes y reinas, como el rey Carlos III. También se ven en esquemas, capítulos de libros, secuelas de películas y números de página al principio de un libro. Algunos relojes siguen utilizando números romanos.

Ingeniería, matemáticas, astronomía y medicina

Egipto fue una colonia romana a principios del Imperio. La ciudad egipcia de Alejandría fue el centro intelectual del mundo occidental. Herón de Alejandría vivió en el siglo I d. C. e inventó la primera máquina a vapor y una rueda accionada por el viento. La fórmula de Herón calculaba el área de un triángulo basándose en las longitudes de sus lados. En el siglo II d. C., Claudio Ptolomeo de Alejandría escribió el *Almagesto*, sobre astronomía. En él enumeraba cuarenta y ocho de las ochenta y ocho constelaciones que la Unión Astronómica Internacional reconoce hoy en día. Diofanto, el padre del álgebra, enseñó en Alejandría en el siglo III d. C. Escribió *la Arithmetica*, que muestra cómo utilizar el álgebra para resolver problemas aritméticos.

La máquina de vapor de Herón. El fuego calentaba el agua hasta convertirla en vapor, que hacía girar la bola[85]

Galeno fue un médico griego que vivió en Roma. Diseccionó simios para comprender el cuerpo humano. Al cabo de un tiempo, descubrió que sus rostros se parecían demasiado a los humanos y decidió diseccionar cerdos. Cuando la peste antonina (probablemente viruela) asoló el Imperio entre los años 166 y 169 d. C., mató al menos al 10 % de la población. Las estimaciones llegan hasta decir que murió la mitad de la población. Galeno registró los síntomas de la gente y experimentó diversas formas de tratarlos.

Arte en mosaico

Roma perfeccionó el arte del mosaico y lo produjo a mayor escala que ninguna otra cultura. Los guijarros formaron los primeros mosaicos, pero los romanos utilizaron pequeños trozos de cerámica, vidrio o piedra unidos con morteros para crear imágenes o dibujos. Normalmente, cubrían una sección del suelo o de la pared. Muchos de los antiguos mosaicos romanos se conservan hoy en un estado razonablemente bueno. Nos permiten conocer la vida cotidiana, la mitología y la historia romanas.

Atletas adolescentes en un mosaico del siglo IV d. C. procedente de Sicilia[86]

Inocente hasta que se demuestre lo contrario

La mayoría de las culturas antiguas seguían la idea de que las personas eran culpables hasta que se demostrara su inocencia. Si alguien era acusado de un delito, tenía que encontrar alguna prueba o testimonio para demostrar su inocencia. Eso podía ser difícil. Por ejemplo, si alguien era acusado de cometer un delito por la noche, cuando estaba en casa durmiendo ¿Cómo podía demostrar que estaba en la escena del crimen si no había nadie más en su casa? No podría tener testigos.

Con la presunción de inocencia hasta que se demuestre la culpabilidad, la otra parte tendría que encontrar pruebas para demostrar que la persona no estaba en casa durmiendo. Necesitaría un testigo o alguna prueba para situarlo en la escena del crimen. Hoy en día, la mayoría de los países siguen el principio de «inocente hasta que se demuestre lo contrario», y esto es gracias a la antigua Roma.

Los tribunales romanos también tenían una vista preliminar para decidir si un caso tenía «causa justa» o pruebas suficientes para ir a juicio. Si era así, el siguiente paso era una acusación formal, en la que se nombraban los cargos. A continuación, se celebraba un juicio con jurado, con testigos y pruebas. Hoy en día, la mayoría de los tribunales del mundo siguen este patrón.

Ideas políticas

Roma abrió el camino con conceptos políticos que son comunes hoy en día en los gobiernos democráticos. Roma tuvo el primer gobierno a gran escala con una constitución. Tenía un sistema de **controles y equilibrios** que impedía que una persona o un grupo de personas tomara todas las decisiones. Un ejemplo durante la República romana fue el de poner dos cónsules para que se equilibraran mutuamente. Si uno se volvía extremista en algo, el otro cónsul podía «controlarlo». Normalmente lo hacían mediante el veto, que era otra innovación romana.

Los tres poderes de gobierno de Roma eran otro ejemplo de controles y equilibrios. El Senado y las asambleas se encargaban de legislar en la antigua Roma. Normalmente, el Senado proponía las leyes y las asambleas votaban para aceptarlas o rechazarlas. El cónsul de Roma era similar a un presidente actual. Los cónsules y, más tarde, el emperador, constituían el poder ejecutivo. Roma también tenía un sistema judicial, con ocho jueces principales, que era similar al Tribunal Supremo actual.

A finales de la República, el poder legislativo de Roma representaba tanto a los patricios como a los plebeyos. No todos los ciudadanos podían votar, pero las asambleas representaban tanto a la clase trabajadora, como a la clase alta. Roma introdujo la limitación de mandatos. Los cónsules y otros cargos importantes solo tenían un mandato de un año. Roma también introdujo la destitución. Los senadores eran vitalicios, pero el censor podía destituirlos si actuaban mal. Roma introdujo los requisitos de quórum, por los que un determinado número de senadores debía estar presente antes de votar una ley. Las votaciones eran públicas; cualquiera podía escuchar los debates sobre nuevas propuestas y las votaciones.

Actividad

Piense en la siguiente lista de logros romanos. ¿Cuáles cree que son los más importantes? Haga una lista en orden de importancia, siendo el 1 el más significativo. Razone brevemente por qué piensa así.

1. Hormigón
2. Termopolio: comida para llevar
3. Calefacción por suelo caliente
4. Acueductos y alcantarillas
5. Carreteras duraderas
6. Alimentos baratos o gratuitos para los pobres
7. Calendario y números romanos
8. La máquina de vapor de Herón y la rueda impulsada por el viento
9. Avances en álgebra y geometría
10. El arte del mosaico
11. Inocente hasta que se demuestre lo contrario
12. Ideas políticas: controles y equilibrios, limitación de mandatos, constitución, destitución, etc.

Capítulo 8: Figuras colosales

Muchos individuos excepcionales dejaron su huella en Roma. Algunos fueron héroes que salvaron a Roma del desastre o la elevaron de alguna manera. Otros padecieron de problemas mentales y llevaron a Roma al desorden. Muchas de las figuras colosales de Roma fueron a la vez brillantes y brutales, valientes y corruptas. Sin embargo, todos ellos moldearon la antigua Roma hasta convertirla en la fuerza que llegó a ser y que cambió el mundo para siempre.

Camilo

Camilo acudió al rescate en el año 390 a. C., después de que los celtas senones derrotaran a las tropas romanas en una batalla a pocos kilómetros de Roma. Los celtas mataron a la mitad del ejército de Roma. Parte de los supervivientes escaparon a la ciudad de Veyes (en latín Veii), el resto corrió de vuelta a Roma. Cuando los celtas se dirigieron hacia ellos, los habitantes de Roma corrieron hacia las colinas. El ejército y los senadores se refugiaron en la alta colina Capitolina con un arsenal de armas y alimentos.

Los celtas saquearon e incendiaron Roma, pero no pudieron traspasar las barreras que protegían la colina Capitolina. Los senones comenzaron a asaltar las aldeas cercanas en busca de comida. Camilo, que había sido dictador de Roma, vivía en una zona rural a las afueras de la ciudad. Había caído en desgracia y había sido desterrado. Camilo espió a los celtas y vio que se emborrachaban por la noche. Así que dirigió una pequeña fuerza nocturna y mató a la unidad senona que asaltaba su ciudad. Animados, los soldados romanos de Veyes pidieron a Camilo que los dirigiera en un contraataque contra los celtas de Roma.

—¡Por supuesto! —Camilo estuvo de acuerdo—. Pero el Senado tiene que dejarme salir del exilio y nombrarme dictador de nuevo.

¿Cómo podían hacer llegar el mensaje a los senadores? Un joven valiente se coló en Roma por la noche y escaló un camino secreto hasta la colina Capitolina. Los senadores nombraron felizmente dictador a Camilo; se habían quedado sin comida y estaban desesperados. Camilo se alió con los etruscos y descendió sobre Roma con doce mil soldados, justo cuando los celtas negociaban con los senadores.

Brennus, el jefe de los senones, como mascarón de proa de un buque de guerra francés[87]

—¡Dennos mil libras de oro y nos iremos! —prometió Brennus, el jefe de los senones.

Camilo llegó en ese momento y bramó:

—¡El oro no librará a Roma! Nuestras espadas de hierro lo harán.

Camilo aniquiló a los senones. Los romanos reconstruyeron su ciudad y se hicieron con el control del centro y el sur de Italia.

Marco Licinio Craso

Craso era el hombre más rico de Roma en tiempos de Julio César. Su fortuna equivalía a casi catorce mil millones de dólares actuales. ¿Cómo consiguió todo su dinero? Procedía de una rica familia patricia que apoyó al senador Sula en una guerra civil contra el cónsul Mario. Cuando Mario tuvo la situación controlada, se apoderó de las propiedades de la familia Craso. Sula ganó la guerra y la familia Craso recuperó sus propiedades.

Entonces, el gobierno de Roma se apoderó de las tierras que pertenecían a los partidarios de Mario. Craso compró esas tierras a precios bajísimos. Otra forma en que Craso consiguió tierras fue creando el primer cuerpo de bomberos de Roma, que contaba con quinientos bomberos. Sus bomberos solo apagaban los incendios si los propietarios vendían sus propiedades a Craso a precios inferiores a los del mercado. Gracias a sus turbios negocios de tierras, Craso poseía más tierras que nadie en Roma. También poseía minas de plata y era traficante de esclavos.

Craso fue el héroe de Roma por acabar finalmente con la revuelta de los esclavos, liderada por Espartaco. Sin embargo, era tan cruel con sus tropas, que el historiador romano Appiano dijo: «Era más peligroso para sus soldados que el enemigo». Craso se unió a Julio César y Pompeyo en el Primer Triunvirato. Cuando César se convirtió en gobernador de la Galia (Francia), Craso fue su general. Conquistó Normandía, en el norte de Francia.

En el año 53 a. C., Craso marchó a Turquía para luchar contra el Imperio parto sin la aprobación del Senado. Ignoró las advertencias de mantenerse alejado del desierto. Perdió una batalla contra los partos, y también perdió la cabeza.

Julio César

El padre de Julio César murió cuando él tenía dieciséis años. Como nuevo cabeza de familia, tuvo que tomar algunas decisiones difíciles. Necesitaba elegir una carrera inmediatamente. Utilizó sus contactos para conseguir que lo nombraran sumo sacerdote del dios principal de Roma, Júpiter. Julio estaba prometido con Cosucia, una muchacha de familia plebeya. Sin embargo, un sacerdote de Júpiter debía estar casado con una mujer patricia. Así pues, Julio rompió su relación con Cosucia y se casó con Cornelia cuando esta tenía trece años. Julio solo tenía dieciséis. Su hija Julia fue la única hija legítima de Julio César.

Julio César[88]

Tras formar el Primer Triunvirato, Julio César fue cónsul de Roma durante un año. Después, en el 58 a. C., se convirtió en gobernador del norte de Italia y del sur de Francia. César atacó a las tribus helvéticas y suevas que se adentraban en Francia desde Alemania. Incluso cruzó el canal de la Mancha. Aunque no conquistó Britania, adquirió valiosos conocimientos sobre la isla. Escribió un libro de ocho volúmenes, *Comentarios de las guerras galas*, sobre sus asombrosas conquistas. Cada vez que terminaba una sección, la enviaba a Roma. Se aseguraba de que la gente de su país no se olvidara de él y supiera el gran héroe que era.

Cuando Julio César regresó a Roma, fue elegido cónsul de nuevo, y más tarde dictador. Comenzó a promocionarse a sí mismo como un rey, más que como un líder designado. Vestía una toga púrpura y mandó hacer estatuas en las que aparecía con corona. El Senado solía tener entre cien y trescientos hombres, pero él lo llenó con mil hombres para conseguir una mayoría de senadores que apoyaran sus deseos.

En la mañana del 15 de marzo del 44 a. C., su tercera esposa, Calpurnia, se despertó gritando horrorizada.

—¡Quédate en casa! —suplicó a César—. ¡Tuve una pesadilla en la que tu cuerpo manaba sangre!

César pensó en despedir al Senado, pero entonces se acercó su amigo Décimo Bruto.

—¿Estás escuchando a una mujer? —Avergonzado, César caminó con Bruto hacia el Senado, y esa fue su perdición.

Marco Cicerón

Cicerón fue un erudito, escritor y cónsul de Roma en el siglo I antes de Cristo. También era un escéptico. Esta filosofía cuestionaba que se pudiera saber algo realmente, en especial sobre qué está bien y qué está mal. Cicerón decía que podía defender las dos posiciones opuestas de un asunto con argumentos igualmente convincentes. Animaba a la gente a pensar por sí misma, en lugar de limitarse a aceptar lo que decían los «expertos».

Cicerón deseaba desesperadamente resolver la crisis que estaba destruyendo a Roma. Escribió muchos textos abogando por el retorno de la ley y el orden. Decía que esto solo podría ocurrir si todos cooperaban. Cicerón pedía libertad, pero no una libertad sin ley que ignoraba los derechos de los demás. «La ley es el fundamento de la libertad, y todos debemos ser esclavos de la ley para poder ser libres». Cicerón creía en una ley natural inmutable que se aplicaba a todos. Pensaba que esta era la clave de la justicia.

Cuando Marco Antonio se enfrentó a Octavio, Cicerón defendió a Octavio con encendidos discursos.

—¡Antonio es un proscrito! —bramó Cicerón.

Cuando el Senado conspiró para matar a Octavio, se desesperó. Octavio se unió a Antonio y Lépido en el Segundo Triunvirato. Antonio incluyó a Cicerón en la lista de enemigos del Estado, a pesar de las protestas de Octavio. Cicerón fue perseguido y capturado mientras intentaba escapar a Macedonia. Desnudó su cuello ante sus captores, permitiendo que le cortaran la cabeza.

Cleopatra, en el 46 a. C., con su hijo Cesarión como cupido[89]

Marco Antonio y Cleopatra VII

De adolescente, Marco Antonio participó en una banda callejera en Roma. Con el tiempo se alistó en el ejército, donde fue ascendiendo hasta convertirse en la mano derecha de César. Mientras César luchaba en Egipto, Antonio intentó restablecer el orden en Roma como cónsul. Sin embargo, se le daba mejor la guerra que el gobierno de una ciudad. César tuvo que volver a Roma para calmar los ánimos. Más tarde, en el funeral de César, Antonio levantó la toga manchada de sangre de César y la multitud enloqueció de rabia. Los senadores implicados en el asesinato escaparon de Roma, dejando a Antonio al mando.

En el año 41 a. C., Antonio pidió a Cleopatra que se reuniera con él. Necesitaban arreglar asuntos entre Roma y Egipto. El hijo de Cleopatra y Julio César, Cesarión, era su cofaraón. Cleopatra remontó el río para reunirse con Antonio en un hermoso barco con velas púrpuras y remos de plata. Cuando Antonio la vio vestida de Afrodita, la diosa del amor, cayó bajo su hechizo. Se trasladó a Alejandría, Egipto, y tuvieron gemelos juntos. De vuelta en Roma, la esposa de Antonio, Fulvia, estaba en guerra con el Senado contra las concesiones de tierras de Octavio, a las que sabía que Antonio se oponía.

Provocó una guerra contra Octavio con la ayuda del hermano de Antonio, Lucio. Perdieron, y Fulvia escapó a Grecia, donde se reunió con Antonio. En lugar de felicitarla por defender su causa, este la fustigó por incitar a la guerra. Convenientemente, ella murió unos días después. Pudo haber sido envenenada. Antonio se apresuró para ir a Roma. Arregló las cosas con Octavio y se casó con su hermana, Octavia, solo unas semanas después de la muerte de su esposa.

Antonio necesitaba luchar contra el Imperio parto, pero no tenía un ejército suficientemente grande. Reanudó su romance con Cleopatra para hacerse con el control del ejército egipcio. Tuvieron otro hijo. De vuelta en Roma, Octavio oía rumores sobre su cuñado. Fue al templo de la virgen vestal y encontró el testamento secreto de Antonio. Octavio descubrió que Antonio planeaba dar algunas de las provincias de Roma a sus hijos con Cleopatra. Antonio también declaró a Cesarión heredero de César. Octavio llevó esta información al Senado y los senadores declararon la guerra a Antonio y Cleopatra.

Moneda emitida en el año 32 a. C. con Cleopatra en una cara y Antonio en la otra[40]

Tras perder la guerra, Antonio se apuñaló con su espada. Cleopatra sabía que los romanos la obligarían a marchar encadenada por Roma. ¿Cuál fue su destino final? Permitió que la mordiera una serpiente venenosa y murió a causa del veneno. Octavio enterró a la pareja junta, pero mató a Cesarión. Perdonó a los hijos de Cleopatra con Antonio y se los dio a su hermana Octavia para que los criara. Esto era un poco extraño, dado que eran los hijos de la amante de su marido, pero Octavia tenía fama de ser una mujer bondadosa.

Marco Vipsanio Agripa

Agripa y Octavio (más tarde César Augusto) eran amigos íntimos desde la adolescencia. Ambos tenían diecinueve años y estaban en el ejército cuando se enteraron de la muerte de César. Octavio, Agripa y otro amigo, Rufo, se reunieron. Octavio tenía que decidir qué hacer. Julio César era su tío y él era el heredero de César.

—¡Ir a Roma será peligroso! Los asesinos de César también irán por ti —advirtió Rufus.

—Cierto —respondió Agripa—. Pero creo que lo mejor es afrontar el reto.

Agripa y Octavio lucharon contra los asesinos de César en la batalla de Filipos, en el 42 a. C. Su victoria puso fin a la guerra civil, colocando a Octavio firmemente al mando de Roma. Poco después, Agripa fue elegido tribuno de la plebe. Dirigió la Asamblea del Pueblo, propuso nuevas leyes y ayudó a los plebeyos con problemas legales. Agripa se convirtió en cónsul en el año 37 a. C. Esto fue notable, porque era un plebeyo. Además, en aquel entonces solo tenía veintiséis años. Se suponía que un cónsul debía tener al menos 43.

Mientras César Augusto transformaba Roma de república a imperio, Agripa siguió siendo su amigo más íntimo y su segundo al mando. Agripa fue el general que derrotó a Antonio y Cleopatra en la batalla de Actium, en el año 31 a. C. Era un gran comandante militar, pero también era arquitecto e ingeniero. Construyó el Panteón en su propio terreno, como templo dedicado a todos los dioses de Roma. En el año 609 d. C., se convirtió en una iglesia católica.

Agripa construyó acueductos, baños y jardines en Roma, e hizo un estudio completo de todo el Imperio romano. Se casó con la hija de Augusto, Julia. Augusto adoptó a sus dos hijos, Cayo y Lucio. Planeaba convertir a uno de ellos en el próximo emperador, pero ambos murieron antes que él. Su hija Agripina fue hermana del emperador Calígula y madre del emperador Nerón.

Nerón

En el año 54 d. C., Nerón se convirtió en emperador a la edad de dieciséis años. Su madre le obligó a casarse con su hermanastra, Octavia. Los romanos amaban a Octavia, pero Nerón no. Nerón procedía de una familia extraña y violenta. Sin embargo, cuando era adolescente, su tutor, Séneca, y su consejero, Burro, lo guiaron. Hizo buenas reformas y logró conquistas militares en Europa occidental.

Nerón y su madre, Agripina[41]

Nerón estaba más interesado en tocar su lira, bailar, escribir poesía y hacer carreras de cuadrigas. Compitió en los Juegos Olímpicos y ganó todas las competiciones en las que participó, incluso cuando su carro volcó. Cuando Nerón se hizo mayor, sufrió una enfermedad mental que lo volvió violento. Cuando su amante, Popea, quedó embarazada, se divorció de Octavia y se casó con ella. Más tarde, Popea y Nerón discutieron.

—¡Pasas demasiado tiempo en las carreras! —gritó ella.

Nerón la pateó en el vientre, provocándole un aborto. Ella murió a causa de las complicaciones. Abrumado por el dolor, se casó con un niño que se parecía a su esposa muerta.

Roma ardió durante una semana en el año 64 d. C., y la gente culpó a Nerón, diciendo que había provocado el incendio para hacer sitio a su nuevo proyecto de construcción. Nerón echó la culpa a los cristianos. Muchos cristianos murieron a sus manos. Hizo cortar la cabeza al apóstol Pablo y crucificó al apóstol Pedro.

Trajano

El emperador Nerva tenía un problema. Era anciano y estaba enfermo. No viviría mucho y no tenía hijos. ¿Quién le sucedería? Trajano no estaba emparentado con Nerva. Sin embargo, tenía una carrera militar estelar y procedía de una familia importante. Había nacido en España, pero tenía padres romanos. Nerva adoptó a Trajano como su heredero y murió seis meses después, en el año 98 d. C.

Trajano y su esposa Pompeya no tuvieron hijos. Sin embargo, Trajano adoptó a sus jóvenes primos, Adriano y Paulina, cuando murieron sus padres. Trajano había crecido en las provincias de Roma. Su padre había sido gobernador de Siria, Capadocia y España. Por ello, era sensible a las necesidades de los ciudadanos romanos que vivían fuera de Italia. Consideraba que el Senado debía incluir a hombres de las provincias para atender adecuadamente sus necesidades. Nombró a catorce griegos para el Senado de Roma.

El Imperio romano alcanzó su mayor tamaño bajo el mando de Trajano. Conquistó Dacia (Rumanía), el reino nabateo (Jordania), Armenia y Babilonia (sur de Irak). En estas conquistas, Trajano recogió enormes botines, que llevó de vuelta a Roma. Parte de la riqueza se destinó a un programa de bienestar que proporcionaba escolarización y alimentos a los huérfanos y niños empobrecidos de Italia. También organizó juegos en el Coliseo. Durante tres meses seguidos, cinco millones de romanos abarrotaron el Coliseo para ver las carreras de cuadrigas y los concursos de gladiadores. Once mil luchadores murieron.

Adriano

Adriano se convirtió en emperador en el 117 d. C., tras la muerte de su primo Trajano. Gobernó durante veintiún años. Pasó la mitad de su tiempo viajando por las provincias de Roma, asegurándose de que todo iba bien. Comprobaba que sus gobernadores siguieran sus órdenes y que el ejército fuera disciplinado. Construyó el muro de Adriano en Britania, en el año 122 d. C., cerca de la frontera de las actuales Inglaterra y Escocia. Tenía setenta millas de largo (113 kilómetros) y se extendía a través de Gran Bretaña, desde el mar del Norte hasta el mar de Irlanda. Adriano construyó el muro para mantener a los pictos en el norte. Los pictos cubrían sus cuerpos con tatuajes azules.

Adriano[48]

Adriano decidió reconstruir Jerusalén, después de que Tito la destruyera en el año 70 d. C. Dio a Jerusalén el nuevo nombre de Aelia Capitolina. Los judíos pensaron que iba a dejarles reconstruir su templo. Se horrorizaron cuando construyó un templo a Júpiter en el monte del Templo, donde una vez había estado el templo judío.

Los judíos dirigieron la revuelta de Bar Kokhba contra los romanos en Judea. Sufrieron pérdidas devastadoras. Los romanos mataron a medio millón de judíos, esclavizaron a 100.000 y arrasaron cientos de ciudades y pueblos. Adriano cambió el nombre de Judea por Palestina. Jerusalén había sido la ciudad santa de los judíos durante un milenio. Adriano les prohibió su antigua capital.

Actividad

Marque cada afirmación con V de verdadero o F de falso. Compruebe las respuestas al final del libro.

( ) 1. Camilo fue un antiguo dictador romano exiliado.

( ) 2. Craso se enriqueció con las minas de plata, el tráfico de esclavos y turbios negocios de tierras.

( ) 3. Julio César escribió *Comentarios de las guerras galas* sobre sus conquistas en Galilea.

( ) 4. Cicerón decía a la gente que creyera lo que decían los expertos y no pensara por sí misma.

( ) 5. Cleopatra sedujo a Marco Antonio vistiéndose de Afrodita.

( ) 6. La esposa de Marco Antonio, Fulvia, fue a la guerra contra Octavio.

( ) 7. Agripa era el enemigo mortal de Octavio (César Augusto).

( ) 8. Nerón culpó a los cristianos cuando Roma ardió.

( ) 9. El Imperio romano se redujo durante el reinado de Trajano.

( ) 10. Adriano construyó el muro de Adriano en Judea.

Clave de respuestas

Marque cada afirmación con V (verdadero) o F (falso). Compruebe sus respuestas.

(V) 1. Camilo fue un antiguo dictador romano exiliado.

(V) 2. Craso se enriqueció con las minas de plata, el tráfico de esclavos y turbios negocios de tierras.

(F) 3. Julio César escribió *Comentarios de las guerras galas* sobre sus conquistas en ~~Galilea~~ (Galia/Francia).

(F) 4. Cicerón decía a la gente que creyera lo que decían los expertos y no pensara por sí misma.

(V) 5. Cleopatra sedujo a Marco Antonio vistiéndose de Afrodita.

(V) 6. La esposa de Marco Antonio, Fulvia, fue a la guerra contra Octavio.

(F) 7. Agripa era el ~~enemigo mortal~~ (el mejor amigo) de Octavio (César Augusto).

(V) 8. Nerón culpó a los cristianos cuando Roma ardió.

(F) 9. El Imperio romano ~~se redujo~~ (alcanzó la mayor extensión de su historia) durante el reinado de Trajano.

(F) 10. Adriano construyó el muro de Adriano en ~~Judea~~ (Bretaña).

Capítulo 9: Constantino y el cristianismo

Muchas cosas cambiaron cuando Constantino se convirtió en emperador. Construyó la nueva capital, Constantinopla, donde se unen Europa y Asia. No se bautizó hasta justo antes de morir, pero fue el primer emperador cristiano.

¿Qué condujo a estos cambios? Debemos retroceder hasta la dinastía de los Severos, la crisis del siglo III y la persecución de los cristianos por parte de Diocleciano. Estos acontecimientos sentaron las bases para el ascenso al poder de Constantino y su transformación del Imperio.

La dinastía de los Severos

Septimio Severo nació en Libia. Y fue el primer emperador africano del Imperio romano. ¿Cómo llegó a emperador? Severo empezó en el ejército y ascendió, hasta convertirse en tribuno de la plebe. Después, se convirtió en gobernador de la Alta Panonia, en Europa central.

Mientras tanto, el emperador Cómodo tenía delirios de ser Hércules, el hijo de Zeus. Cuando el Senado se negó a seguirle la corriente, asesinó a la mayoría de los senadores. Todos respiraron aliviados cuando su compañero de lucha lo mató. Severo se abrió camino hasta la cima en el violento año de los cinco emperadores. Mató a la mayoría de sus rivales hasta, que fue el único candidato en pie.

El emperador Severo, Julia Domna y sus hijos, Geta y Caracalla. Caracalla asesinó a Geta y borró su rostro del cuadro⁴⁸

Durante la dinastía de los Severos, judíos y cristianos se enfrentaron. Los romanos exigían a todos los pueblos conquistados que reconocieran a los dioses romanos. A la mayoría no les importaba, porque eran politeístas. Simplemente añadían los dioses romanos a los suyos propios. Sin embargo, los judíos y los cristianos eran **monoteístas**, lo que significa que adoraban a un solo dios. Por ello, se negaban a ofrecer sacrificios a los dioses romanos.

A veces, los romanos dejaban que los judíos hicieran lo que querían, porque tenían una larga historia de adoración a un solo dios. Pero el cristianismo era una religión nueva. Los romanos no entendían los sacramentos, como la comunión. Algunos romanos pensaban que los cristianos eran caníbales, porque decían que el vino y el pan eran el «cuerpo y la sangre de Cristo».

Sin embargo, a Severo le gustaban los cristianos. Tenía un médico cristiano que lo había salvado de la muerte. Nunca promulgó ningún decreto condenando a los cristianos. Durante su reinado, los líderes locales actuaron por su cuenta contra los cristianos. Los arrojaban al agua hirviendo, les cortaban la cabeza y los daban de comer a los animales salvajes. Otros emperadores de la dinastía Severo persiguieron a los cristianos. Por ejemplo, ejecutaron a dos obispos de Roma.

Alejandro se convirtió en el último emperador Severo a la edad de quince años. Él y su madre se interesaron por las enseñanzas de Jesús y recibieron lecciones del erudito cristiano Orígenes. Alejandro rezaba a Jesús todas las mañanas, pero también rezaba a los dioses romanos y a sus antepasados. No quería dejar a nadie fuera. Cuando los alemanes atacaron Francia, intentó sobornarlos para que se marcharan. Sus soldados pensaron que esto era un gesto cobarde. Mataron a Alejandro y a su madre, poniendo fin a la dinastía de los Severos.

La crisis del siglo III

Una serie de catástrofes ocurridas entre los años 235 y 284 d. C. propagaron consecuencias negativas a lo largo del Imperio romano. Las invasiones de los alamanes, los godos y los vándalos, sembraron el terror en los corazones de los romanos. El valor del dinero cayó en picado. Muchos murieron en la aterradora peste de Cipriano. El caos sacudió Roma cuando cincuenta y dos señores de la guerra intentaron quedarse con el trono.

El emperador Valeriano tenía miedo de la creciente fe cristiana. Sabía que los dioses romanos no estaban contentos con ello. En su opinión, esa era la razón por la que estaban ocurriendo tantas cosas malas. En el 257 d. C., ordenó que todos los senadores y pastores cristianos perdieran la cabeza o fueran quemados en la hoguera. El papa Sixto II y el obispo Cipriano fueron decapitados. Dos años más tarde, los persas capturaron a Valeriano. Su hijo, Galieno, promulgó el *Edicto de Tolerancia*. Los cristianos recuperaron sus iglesias y cementerios.

Cipriano fue un obispo africano que dijo a los cristianos que cuidaran de los enfermos y enterraran a los muertos durante la pandemia"

Durante esta crisis de liderazgo, el Imperio romano se dividió en tres. Francia, España y Bretaña se separaron, convirtiéndose en el Imperio galo. La reina Zenobia gobernó el Imperio de Palmira de Siria, Palestina y Egipto. Las tornas empezaron a cambiar cuando el emperador Claudio II recuperó España. Tras la muerte de Claudio a causa de la peste, Aureliano recompuso el fragmentado Imperio romano. Sin embargo, la antigua gloria y riqueza de Roma eran un recuerdo lejano.

Diocleciano divide el Imperio

Diocleciano se convirtió en emperador en el año 284 d. C. El imperio era demasiado grande para que lo gobernara un solo hombre, así que lo dividió. Él gobernó el este, y el general Maximiano gobernó el oeste. En el 293 d. C., Diocleciano hizo un nuevo plan con cuatro emperadores. Él y Maximiano eran los emperadores principales, mientras que Galerio y Constancio eran los emperadores menores. Galerio debía ocupar el lugar de Diocleciano cuando este muriera o se retirara, mientras Constancio ocuparía el lugar de Maximiano. El hijo de Constancio, Constantino, se convirtió en emperador menor cuando Constancio se pasó a ser el emperador principal. El hijo de Maximiano, Majencio, ocuparía el lugar de Galerio.

—Espero que todo salga bien —dijo Diocleciano a Maximiano—. Intento evitar todo el drama que suele producirse cuando muere un emperador.

La gran persecución

Diocleciano y Galerio obtuvieron una emocionante victoria sobre los persas del Imperio sasánida. Sin embargo, surgió un problema cuando estaban ofreciendo sacrificios a los dioses alegremente. Normalmente, los sacerdotes inspeccionaban los intestinos de los animales sacrificados para predecir el futuro. Pero esta vez no pudieron leer los presagios. Algo bloqueaba sus adivinaciones.

—Señor. —Los sacerdotes se volvieron hacia Diocleciano—. Creemos que los cristianos de su palacio están silenciando a nuestros dioses.

—¡Estos cristianos están por todas partes! —espetó Galerio—. ¡Y ahora nuestros dioses no nos hablan! Tenemos que hacer algo.

—Estoy de acuerdo —dijo Diocleciano—. Pero no quiero derramamiento de sangre. Llamaré a todos mis soldados y a todos los cristianos para que ofrezcan sacrificios a nuestros dioses romanos. Si no lo hacen, perderán sus empleos. Eso debería resolver el problema.

No fue así. Los cristianos se negaron a ofrecer sacrificios a los dioses romanos. Diocleciano expulsó a todos los cristianos del ejército y del gobierno. Quemó biblias y destruyó iglesias. Encarceló a los sacerdotes y prohibió las reuniones de los cristianos.

—¡No está sirviendo de nada! Tenemos que matarlos —insistió Galerio—. ¡De lo contrario, tomarán el control!

Así comenzó la gran persecución, en la que miles de cristianos fueron asesinados por orden de Diocleciano. Los romanos empezaron a compadecerse de los cristianos. En Britania, Constancio ignoró casi todas las órdenes. Su primera esposa, Helena, era cristiana. El rey Tiridates de Armenia recibió una curación milagrosa y se convirtió al cristianismo en el año 301 d. C. Declaró Armenia, que formaba parte del Imperio romano, estado cristiano. El cristianismo crecía más rápido que nunca. Como Tertuliano había escrito un siglo antes: «La sangre de los mártires es la semilla de la Iglesia».

Constantino lucha por llegar al poder

Diocleciano estaba envejeciendo y enfermando. Galerio los intimidó a él y a Maximiano para que se retiraran, y así se convirtió en emperador principal, mientras que Constancio era el otro emperador principal. Galerio echó a Constantino y a Majencio. Trajo a su amigo de copas, Severo, y a su sobrino, Maximino, como nuevos emperadores menores. En ese momento, Constantino vivía en el palacio, formándose para ser emperador menor. Sin embargo, ese plan había terminado. El palacio pertenecía ahora a Galerio.

—¡Constantino, tienes que salir de ahí ahora mismo! —Escribió Constancio a su hijo— No es seguro. ¡Ven a Britania!

Esa noche, tras emborrachar a Galerio, Constantino pidió permiso para marcharse.

—Sí, está bien —murmuró Galerio.

Constantino escapó esa noche antes de que Galerio se despejara. Viajó a Britania y luchó contra los pictos con Constancio. Constancio murió un año después. Antes de su muerte, declaró a Constantino nuevo emperador. Contó con el apoyo de los ejércitos de Francia y Bretaña.

Constantino escribió a Galerio.

—Señor, me entristece decirle que mi padre ha muerto. Su ejército me obligó a convertirme en el nuevo emperador en su lugar. Le pido disculpas. Sé que esto es muy irregular. Pero señor, es natural que un hijo se convierta en el sucesor de su padre.

Galerio se puso morado de rabia cuando leyó la carta.

—¡Quemaré esta carta y luego quemaré a Constantino!

—Por favor, reconsidérelo, señor —le instaron sus consejeros—. ¡Tome el camino de la prudencia! Debemos evitar la guerra abierta. ¡Tiene a las legiones de Francia y Bretaña detrás de él! De todos modos, necesitamos un nuevo emperador menor, ya que Severo va a ocupar el puesto de emperador principal.

Así que negociaron un compromiso. En lugar de convertirse en emperador principal, Constantino se convertiría en emperador menor, como decía el plan de Diocleciano. Gobernó los antiguos territorios de su padre, Gran Bretaña, Francia y España.

Maximiano	Emperador principal con Diocleciano, obligado a retirarse
Majencio	Hijo de Maximiano, estaba destinado a ser el siguiente emperador menor, pero pasó de largo
Maximino	sobrino de Galerio y actual emperador menor

En Italia, Majencio hervía de celos.

—¡Diocleciano quería que yo fuera el otro emperador menor! ¡Me declaro emperador de Italia!

Severo marchó a Italia para arrestar a Majencio. Sin embargo, se puso al frente de un ejército que había estado bajo el mando de Maximiano. Los hombres seguían siendo leales a Maximiano, por lo que desertaron a favor de su hijo y mataron a Severo.

—¡Es hora de salir del retiro! —se regodeó Maximiano.

Se convirtió en coemperador con su hijo Majencio. Entonces, escribió a Constantino, ofreciendo a su hija, Fausta, en matrimonio.

—Te ayudaré a convertirte en emperador principal si me ayudas a luchar contra Galerio.

Constantino quería ver cómo se desarrollaban las cosas antes de luchar contra Galerio. Fue una sabia decisión, porque Majencio y su padre no se llevaban bien. Maximiano traicionó a su hijo, reuniéndose con Galerio y Diocleciano para revisar el plan. El nuevo emperador principal junto a Galerio era su viejo amigo, Licinio. Constantino seguía siendo un emperador menor, y el sobrino de Galerio, Maximino, era el otro. Maximiano y Diocleciano volvieron del retiro. Majencio se quedó sin nada.

Poco después, Galerio cayó terriblemente enfermo. Tenía gangrena en el bajo vientre. En su lecho de muerte, Galerio promulgó el *Edicto de Tolerancia*, en el año 311 d. C.

—«Ahora reconocemos y aceptamos la religión cristiana en el Imperio. Les pedimos que recen a su dios por nuestra seguridad y la paz del Imperio».

La muerte de Galerio dejó a Licinio como emperador principal y a Constantino a sus órdenes. Majencio se proclamó inmediatamente emperador subalterno de Maximino. Pero Constantino cruzó los Alpes y marchó a Roma para luchar contra Majencio. En el camino, tuvo una visión. Vio una cruz en el cielo y las palabras: «Con este signo vencerás». Esa noche, soñó que Jesús le decía lo mismo. Constantino aún no era cristiano, pero mandó hacer un nuevo emblema oficial para su ejército, que consistía en una X sobre una P. Estas eran las dos primeras letras de la palabra griega ΧΡΙΣΤΟΣ, que significa «Cristo». Puso este emblema en su casco, en los escudos de los soldados y en su estandarte de batalla.

X (*chi*) y P (*rho*), el nuevo emblema de Constantino⁴⁵

Majencio se enfrentó a Constantino con su ejército en el río Tíber. Los hombres de Constantino superaron rápidamente a sus oponentes y Majencio se ahogó en el río. Constantino entró en Roma entre los vítores del pueblo. Rompió la costumbre, al no sacrificar a Júpiter, pero pacificó al Senado y le prometió a los senadores que recuperarían su poder. Al año siguiente, Maximino luchó contra Licinio. Quería ser el único emperador principal. Perdió y huyó a Turquía, donde murió.

El Edicto de Milán

Ahora, solo había dos emperadores: Licinio y Constantino. Constantino dio a su hermana Constancia en matrimonio a Licinio. Mientras celebraban la boda en Milán, los emperadores crearon el Edicto de Milán, en el 313 d. C. Este edicto dio a cada romano la oportunidad de seguir la fe que quisiera. El edicto se aplicaba a todas las religiones. El cristianismo tenía ahora estatus legal, lo que significaba que los cristianos ya no podían ser perseguidos. Fueron liberados de las prisiones y de la esclavitud, y recuperaron sus iglesias.

¿Era Constantino cristiano en esta época? No adoró públicamente a los dioses romanos, pero el dios del sol Invictus apareció en sus monedas durante algunos años. Constantino no se bautizó, pero tenía ministros cristianos que le enseñaban y aconsejaban. Leyó la Biblia y dio dinero para construir nuevas iglesias.

Constantinopla

Licinio y Constantino fueron coemperadores durante los diez años siguientes. Sin embargo, Licinio se enfadó cuando Constantino cruzó a su territorio mientras perseguía a un grupo de godos. Entraron en guerra y Licinio finalmente se rindió. La hermana de Constantino, Constancia, le suplicó que perdonara a su marido. Al principio, Constantino lo hizo. Pero Licinio intentó reunir tropas para otra batalla, y Constantino lo ahorcó.

Constantino[46]

Constantino se convirtió en el único emperador del Imperio romano. Quería una nueva capital para representar la fusión de Oriente y Occidente en el Imperio. Bizancio era una antigua colonia griega construida en el siglo VII a. C. Se encontraba en una franja de tierra que llegaba hasta el estrecho del Bósforo, que conectaba el mar Negro con el mar de Mármara. El estrecho dividía Europa de Asia. Era un lugar perfecto para controlar el comercio marítimo.

Rodeada por tres lados de agua, la ciudad era fácil de defender. En el 324, Constantino comenzó a transformar Bizancio en un brillante centro comercial y cultural. La rebautizó con el nombre de Constantinopla. Rápidamente, se convirtió en la ciudad más rica y grande del mundo. Constantinopla siguió siendo la capital del Imperio romano de oriente (o Imperio bizantino) durante once siglos. Hoy en día se llama Estambul.

El Concilio de Nicea

En el 325, Constantino convocó una conferencia de los obispos cristianos. Una controversia estaba dividiendo a la iglesia, y Constantino quería que se resolviera rápidamente. Los obispos se reunieron en Nicea, una ciudad al otro lado del estrecho del Bósforo, donde Constantino estaba construyendo su nueva capital. ¿Cuál era la controversia? Tenía que ver con la Trinidad: el Padre (Dios), el Hijo (Jesús) y el Espíritu Santo.

Arrio era sacerdote en Alejandría. Enseñaba algo diferente a la mayoría de las otras iglesias. Decía:

—Jesús no puede ser igual a Dios. Sabemos que Dios Padre siempre ha existido. Él es eterno, no tiene principio ni fin. Jesús sí tuvo un principio. Jesús no es eterno.

Constantino convocó a los obispos para solucionarlo y llegaron más de trescientos. Cuando los líderes de la Iglesia entraron en la sala, lo primero que vieron fue la Biblia abierta sobre la mesa. Les recordó a todos que no era una batalla de ingenio, sino una discusión para saber qué estaba escrito en el libro.

Constantino irrumpió en la sala. Todos callaron mientras él hablaba.

—Estamos aquí para decidir una cuestión importante. Les ruego a todos los presentes que trabajen en unidad. Dejen a un lado los asuntos personales. Tenemos que centrarnos en el asunto que nos ocupa. Cristo nos dice que perdonemos a nuestros hermanos.

Insisto en la paz en esta sala. La división en la Iglesia es peor que la guerra.

Los obispos comenzaron a discutir la enseñanza de Arrio. ¿Se ajustaba a las Escrituras?

—¡Mira! Arrio dice que Jesús tuvo un principio. Pero el apóstol Juan dice algo diferente. «En el principio era el Verbo, y el Verbo estaba con Dios, y el Verbo era Dios. Él estaba con Dios en el principio. Por medio de él se hicieron todas las cosas, y sin él no se hubiera hecho nada de lo que se ha hecho».

—Jesús no fue creado; él fue el creador. Sí, el cuerpo físico de Jesús tuvo un principio, pero existía como Dios, desde el infinito.

Arrio argumentó:

—La Escritura dice en *Colosenses 1:15* que Jesús es «el primogénito de toda la creación». Si nació, entonces tuvo un principio. Él es la creación más antigua y más amada de Dios. Es la descendencia directa de Dios. Pero Jesús no puede ser igual a Dios.

Sin embargo, otros obispos señalaron:

—El siguiente versículo, *Colosenses 1:16*, dice: «Todas las cosas fueron creadas por medio de él y para él». ¿Cómo podría *ser creado* Jesús si él creó *todas* las cosas? Jesús dijo: «Yo y el Padre somos uno» en *Juan 10:30*.

La mayoría de los obispos decidieron que Jesús, el Hijo, era igual a Dios Padre y al Espíritu Santo. Redactaron el Credo de Nicea que enunciaba la doctrina de la Trinidad.

En el 337, Constantino enfermó gravemente y se dio cuenta de que no sobreviviría. Llamó a los obispos a su cabecera.

—Siempre quise ser bautizado en el río Jordán. Allí fue donde Juan bautizó a Jesús. Pero me temo que he esperado demasiado. Necesito el bautismo de inmediato, ya que moriré pronto.

El obispo Eusebio de Nicomedia bautizó a Constantino poco antes de que falleciera.

Actividad

Rellene los espacios con la respuesta correcta. Recuerde que las respuestas están al final del libro.

Constantino	Constantinopla	Concilio de Nicea
Crisis del siglo III	Diocleciano	Edicto de Tolerancia
Galerio	Gran persecución	Severo

Septimio _____ fue el primer emperador africano del Imperio romano. Inició la dinastía de los Severos. Durante este periodo, se produjeron persecuciones de cristianos en las provincias. La dinastía Severo terminó en la _____ ____ _____ _____, cuando las invasiones, una horrible plaga, el desastre económico y el caos político casi destruyen el Imperio. Cuando se recuperó, _____ lo dividió en cuatro secciones, dirigidas por dos emperadores principales y dos emperadores menores. Él y _____ iniciaron la _____ _____ de los cristianos, en la que murieron miles de personas. Mientras agonizaba, Galerio promulgó el _____ ____ _____ en el 311, que puso fin a la persecución de los cristianos por mandato estatal. Finalmente, _____ se convirtió en el único emperador del Imperio romano. Construyó su nueva capital, _____ en el estrecho del Bósforo. Convocó el _____ ____ _____ para que los obispos debatieran sobre la Trinidad.

Capítulo 10: La caída de un imperio

Constantino unificó el Imperio y puso fin a la persecución de los cristianos. Sin embargo, su muerte supuso el principio del fin para el Imperio, al menos para la parte occidental. En 140 años, el Imperio romano de occidente se desmoronó y nunca volvió a levantarse.

Mientras tanto, el Imperio de oriente siguió prosperando durante siglos. Más tarde, los historiadores lo llamaron Imperio bizantino. Sus ciudadanos seguían llamándolo Imperio romano, sin importar que Roma estuviera fuera de sus fronteras. El Imperio de oriente se separó de la Iglesia católica romana. También cambió la lengua latina por el griego. Aun así, en sus mentes, era el Imperio romano continuando su legado.

¿Por qué cayó el Imperio romano?

Aunque fueron muchos los factores que provocaron la caída del Imperio romano, destacan cinco. Roma tenía poco control sobre los tres primeros. Sufrió invasiones, hubo fuertes cambios climáticos y pandemias. Los otros dos factores fueron la ineptitud de los gobernantes y el desastre económico. Los cinco formaron una combinación letal que puso a Roma de rodillas.

1. Invasiones

El Imperio persa sasánida fue una piedra en el zapato constantemente para el Imperio romano de oriente. Los sasánidas gobernaron Oriente Próximo durante cuatro siglos, a partir del 224 d. C. Anexionaron rápidamente las provincias asiáticas de Roma. Mientras tanto, Roma tenía que defenderse de las hordas bárbaras y se arruinó para pagar al ejército.

¿Quiénes eran estos bárbaros que causaban estragos? ¿Qué es un bárbaro? El nombre procede de una palabra griega que significa cualquiera que no sea griego. Los romanos utilizaban la palabra para referirse a la mayoría de la gente de fuera del Imperio. Se aplicaba especialmente a cualquiera que consideraran «incivilizado».

Una de las mayores amenazas de Roma fueron los godos. Procedían de Escandinavia, pero habían emigrado a Alemania. En el año 268 d. C., los godos invadieron Macedonia y Grecia. El emperador Claudio II los ahuyentó, ganándose el apodo de Gótico. Su victoria fue un punto de inflexión en la crisis del siglo III.

Claudio II Gótico⁶⁷

Aureliano fue el siguiente emperador. Persiguió a los godos a través del Danubio, pero decidió que desalojarlos de Rumania era demasiado difícil. Los continuos conflictos con los godos en los Balcanes desestabilizaron al Imperio.

Los godos de Europa occidental se llamaban visigodos. Los de Europa oriental se llamaban ostrogodos. Con el tiempo arrasaron todo el sur de Europa.

Los vándalos procedían del sur de Polonia y habían migrado a Alemania y la República Checa. Constantino les permitió asentarse en Europa central. Más tarde, los hunos los expulsaron, por lo que se dirigieron a Europa occidental. Se trasladaron al sur, a España, y finalmente se asentaron en el norte de África. Desde su nuevo cuartel general, lanzaron incursiones sobre Italia y las islas del mar Mediterráneo.

Durante la dinastía de los Severos, los germanos de Alemania y Suiza se trasladaron al Imperio romano. El emperador Caracalla los ahuyentó. Volvieron a amenazar al Imperio en la crisis del siglo III. El emperador Claudio los hizo regresar a Alemania. Permanecieron allí cerca de un siglo y luego cruzaron el Rin helado para invadir de nuevo el Imperio.

Los sajones atacaron sin éxito Gran Bretaña en el 367. Otra tribu invasora procedente de Alemania fue la de los francos, que atacaron Francia junto con los sajones. Cuando los romanos se retiraron de Gran Bretaña, los anglos y los sajones (los anglosajones) se asentaron en la isla.

Los hunos procedían del actual sur de Rusia y Kazajstán. En el año 370 d. C., aparecieron en las zonas limítrofes del Imperio romano. Desplazaron a los godos y a otras tribus, que emigraron hacia el territorio del Imperio romano. Esto creó desorden y destrucción. Finalmente, los hunos comenzaron a invadir el Imperio. Los emperadores se vieron impotentes para ahuyentarlos, así que sobornaron a los hunos para que se comportaran bien.

2. El cambio climático

El cambio climático probablemente no sea lo primero que le venga a la mente al pensar en la caída de Roma. Sin embargo, siglos de clima cálido, seguidos de climas muy fríos contribuyeron al colapso del Imperio. A partir del año 200 a. C., Roma tuvo un *óptimo climático*, una época de tiempo estable y cálido, con mucha lluvia. Estas condiciones eran estupendas para Roma y sus provincias. A pesar de las guerras y los trastornos políticos, Roma prosperó. Las granjas producían abundantes alimentos.

Alrededor del año 150 d. C., el clima se volvió más frío en torno al Mediterráneo. Un aire más frío significaba menos lluvia y peores cosechas. Los romanos empezaron a tener problemas para encontrar comida suficiente para alimentar al pueblo. La gente hambrienta era infeliz. Eran más propensos a causar problemas. Podían rebelarse o incluso matar al emperador. Roma tuvo que importar grano, pero eso trajo nuevos problemas.

3. Pandemias

El cambio climático coincidió con dos terribles pandemias. La peste antonina golpeó en el 165 d. C., y fue seguida por la peste de Cipriano, en el 215. ¿Causó el clima más frío las pandemias? No, el clima no enfermó a la gente. Sin embargo, causó trastornos que propiciaron la propagación de enfermedades. Por ejemplo, menos lluvia significó cosechas más pequeñas, por lo cual la gente se desplazaba a zonas con más alimentos. Más migraciones significaban una mayor propagación de las enfermedades.

Roma tuvo que enviar grano desde el norte de África y otras zonas menos afectadas por la sequía. En los barcos que transportaban el grano había ratas, que probablemente propagaron los virus en el Mediterráneo. Estas pandemias mortales mataron a millones de personas.

Las pandemias también significaron menos soldados para luchar contra los invasores y provocaron crisis económicas. La población enferma era incapaz de producir alimentos y bienes al mismo ritmo que antes.

4. La economía se hundió

Las invasiones, las epidemias y el cambio climático afectaron a la economía. El constante gasto de Roma y los impuestos opresivos también fueron determinantes. ¿Adónde iba a parar el dinero? Los juegos celebrados en el Coliseo eran gratuitos para todos. La élite rica de Roma pagaba algunos de los juegos para ganarse su favor. El gobierno patrocinaba muchos de ellos para celebrar acontecimientos especiales.

Tener que defender constantemente las fronteras contra la invasión de los bárbaros y los persas agotaba el presupuesto. Mientras tanto, las fuentes de ingresos de Roma se agotaban. La mayor parte de los ingresos a finales de la República y principios del Imperio procedían de las riquezas capturadas en las tierras conquistadas. El gobierno también gravaba las granjas, los talleres y el comercio.

En el siglo III d. C., Roma había dejado de conquistar nuevas tierras; intentaba desesperadamente no convertirse en una tierra conquistada. Sin el dinero que fluía de las conquistas militares, la principal fuente de ingresos eran los impuestos, que subían cada vez más para pagar el enorme costo de defenderse de los hunos, los vándalos y otros invasores.

Otro problema eran los piratas. El Imperio siempre había dependido de su comercio marítimo, pero ahora, los piratas estaban por todas partes en los mares. En un tiempo, los romanos los habían mantenido a raya, pero ahora la armada se dedicaba a luchar contra las invasiones. Las autopistas del agua ya no eran seguras para los barcos mercantes. El comercio cayó, desmoronando aún más la economía del Imperio.

5. El liderazgo fracasó

Diocleciano sabía que el Imperio era demasiado grande para que lo gestionara un solo emperador, así que inició la tendencia de tener dos o más emperadores en lugares estratégicos. Constantino dividió el Imperio entre sus hijos y sobrinos. Sin embargo, se mataron entre ellos, en lugar de trabajar juntos. Finalmente, el Imperio se dividió definitivamente en el Imperio romano de oriente y el Imperio romano de occidente.

El gobierno era corrupto e inestable. A los militares romanos les gustaba que el emperador fuera inteligente en el campo de batalla. Un hombre capaz de ganar batallas podía dirigir el gobierno. Si las malas decisiones de un emperador costaban demasiadas vidas o batallas perdidas, con frecuencia los militares lo mataban. Los emperadores cobardes eran aún peores. Se llegó al punto de que los militares elegían a la mayoría de los emperadores.

¿Cómo se desarrolló la caída del Imperio de occidente?

Antes de morir, Constantino nombró a sus tres hijos, Constantino II, Constancio II y Constante, como emperadores principales. Sus sobrinos, Dalmacio y Anibaliano, eran los emperadores menores. Sin embargo, tras la muerte de Constantino, sus hijos mataron a los emperadores menores. Constantino II gobernó Britania, Francia y España. Constante era todavía un niño, así que Constantino II gobernó como su regente en Italia, Libia y Europa central. Constancio, por su parte, tomó Egipto, Grecia, Bulgaria y Asia occidental.

Cuando Constante tuvo edad suficiente para ser emperador, Constantino II se negó a entregarle sus provincias, así que entraron en guerra. Constante mató a su hermano mayor y consiguió sus tierras y las de Constantino. Sin embargo, no estaba hecho para el liderazgo. Sus militares lo mataron. Nombraron emperador al general Magnencio, que reinó durante tres años, hasta que Constancio lo mató, convirtiéndose en el único emperador.

Constancio II y el rey persa Shapur II lucharon entre sí durante años. En el 350, Shapur atacó Nisibis en la frontera norte de Siria. Desvió el río Mygdonius e inundó el valle que rodeaba la ciudad. Luego navegó con sus barcos hasta las murallas de la ciudad, derribando una parte de ellas. Sin embargo, sus elefantes de guerra se atascaron en el barro. Entonces, tuvo que marcharse rápidamente para defender Persia contra un ataque de los hunos.

En el 361, Constancio cayó enfermo. En su lecho de muerte, declaró a su primo, Juliano, próximo emperador. Juliano había abandonado la fe cristiana de joven para abrazar los misterios eleusinos, un culto a las diosas Deméter y Perséfone. Solo gobernó dos años, hasta que una lanza lo empaló mientras luchaba contra los persas. Sus legiones nombraron rápidamente a su general, Joviano, como emperador. Murió misteriosamente ocho meses después.

Valentiniano*

Valentiniano, un antiguo tribuno, se convirtió en emperador en el 364. Hizo a su hermano, Valente, su coemperador. Valente gobernó el Imperio romano de oriente desde Constantinopla, y Valentiniano gobernó el Imperio romano de occidente desde Milán. Valentiniano rechazó con éxito una invasión de los germanos en Francia. Mientras tanto, Valente luchó y mató a Procopio, el único descendiente varón de la dinastía constantiniana, que había intentado reclamar para sí el Imperio.

En Bretaña, las tropas romanas que custodiaban el muro de Adriano habían perdido muchos soldados. Finalmente desertaron de sus puestos. En la gran conspiración, varias tribus trabajaron juntas para tomar Gran Bretaña. Los pictos se abalanzaron sobre la muralla y los escoceses y sajones atacaron por mar. Casi todas las ciudades romanas de Britania cayeron.

El general Flavio Teodosio el Viejo y su hijo Teodosio I acudieron al rescate en el 369. Cruzaron el canal de la Mancha y se colaron en Londinium (Londres), sorprendiendo a las tribus bárbaras. Las echaron de Britania y reforzaron el muro de Adriano con tropas frescas.

Cinco años más tarde, el emperador Valentiniano se peleó con los quadios de Moravia.

—¿Por qué construyen fuertes romanos en nuestra tierra? —se quejaron—. ¡Tenemos un tratado!

—Algunos de los suyos han estado cruzando la frontera y atacando mi tierra —replicó Valentiniano.

Durante una acalorada discusión, Valentiniano cayó muerto de un ataque. Su hermano, Valente, continuó gobernando el Imperio romano de oriente. Los hijos de Valentiniano, Graciano y Valentiniano II, se convirtieron en coemperadores del Imperio romano de occidente.

—Valente no era un buen comandante militar. Sin embargo, llevó a sus ejércitos a luchar contra los godos en Bulgaria.

—Algunos de los suyos han estado cruzando la frontera y atacando mi tierra —replicó Valentiniano.

—¡Mis tropas están en camino! —le envió un mensaje Graciano—. ¡Espera a que lleguemos!

Sin embargo, Valente quería la gloria para sí mismo. Dirigió a sus tropas contra los godos, y el resultado fue catastrófico. Los godos mataron a Valente y a dos tercios del ejército del Imperio romano de oriente. Graciano nombró a Teodosio I como nuevo emperador del imperio de oriente. Era el general que había logrado la asombrosa victoria en Britania con su padre.

En el 383, un celta llamado Magnus Maximus invadió Francia. Mató a Graciano y usurpó el poder de Francia, Britania y España. Teodosio marchó hacia el oeste en el 388, mató a Maximus y recuperó las provincias occidentales. El hermano de Graciano, Valentiniano II, era ahora el único emperador del Imperio romano de occidente. Sin embargo, se ahorcó o fue asesinado en el 392. Teodosio murió al año siguiente. Sus dos hijos, Honorio y Arcadio, eran niños pequeños.

Estilicón el Vándalo, que estaba casado con la sobrina de Teodosio, se convirtió en el regente interino del Imperio romano de occidente. El prefecto pretor Rufino gobernaba el Imperio romano de oriente, hasta que los godos lo mataron en el 398. Arcadio murió en el 408, dejando a su hijo de siete años, Teodosio II, como emperador del Imperio de oriente. La hermana de Teodosio, Pulqueria, se convirtió en emperatriz del Imperio de oriente hasta que su hermano tuvo edad suficiente para gobernar.

En el año 410, una hambruna asoló Italia. El ejército de desarrapados del rey visigodo Alarico, formado por esclavos fugitivos y godos, asaltó Roma. Su pueblo era demasiado débil para defenderse. Mató o esclavizó a la mayor parte de la población. Robó todos los objetos de valor que sus hombres pudieron cargar y quemó los edificios históricos alrededor del Foro. Dejó ilesas las catedrales de Pedro y Pablo. Unos meses más tarde, Alarico murió. Su ejército se dirigió al suroeste de Francia y estableció el reino visigodo.

Mientras tanto, Gran Bretaña estaba sumida en el caos. Estaba gobernada por usurpadores. Los ciudadanos romanos de Britania suplicaron al emperador que restableciera el orden, pero no tenía los recursos. Britania estaba sola.

En el Imperio romano de oriente, los hunos atacaron Constantinopla. Teodosio llegó a un acuerdo con ellos.

—Aquí tienen 350 libras de oro. Dejen en paz a Constantinopla y podrán vivir en el Imperio mientras sean pacíficos.

Los hunos aceptaron, pero exigieron 350 libras de oro cada año. Cuando Atila se convirtió en su líder, duplicó el dinero del soborno.

Rufino murió en el 423. Teodosio II puso a su primo de siete años, Valentiniano III, en el trono del Imperio romano de occidente. La madre de Valentiniano, Galla Placidia, gobernó hasta que su hijo tuvo edad suficiente para ser emperador. El Imperio romano de occidente ya había perdido Britania. Los visigodos y los francos controlaban ahora la mayor parte de Francia. En el 428, los vándalos tomaron el norte de África, la principal fuente de grano del Imperio. Los dos emperadores se unieron para atacar a los vándalos, pero los persas atacaron el Imperio romano de oriente, mientras Atila el Huno atacaba el Imperio de occidente. El Imperio romano de occidente sufrió una humillante derrota ante Atila, que les obligó a pagarle 2.100 libras de oro cada año.

Basándose en las monedas de su época, Atila podría haberse parecido a esta representación en un museo de Hungría, que probablemente fue su lugar de nacimiento[40]

En el 450, Teodosio II cayó de su caballo y murió. No tuvo hijos. Su hermana Pulqueria se casó con un administrador de palacio llamado Marciano. Gobernaron juntos el Imperio romano de oriente. Para entonces, oriente y occidente ya no eran un imperio. Eran más bien dos imperios separados, que de vez en cuando se aliaban para luchar contra sus enemigos. Cuando Marciano se convirtió en emperador, detuvo los pagos a Atila el Huno por parte del Imperio romano de oriente.

Valentiniano III fue asesinado en el 455. Uno de los conspiradores en su asesinato, Petronio Máximo, robó el trono del Imperio romano de occidente. En medio del caos, los vándalos navegaron desde el norte de África y atacaron Italia, derribando los acueductos de Roma que conducían a la ciudad, pero el papa León I les salió al encuentro a las puertas de la ciudad.

—No abriremos las puertas hasta que prometan no dañar a ninguna persona o propiedad de Roma.

Los vándalos se lo prometieron al papa. Robaron los tesoros de la ciudad y esclavizaron a algunos de sus habitantes, pero no quemaron la ciudad ni mataron a muchos ciudadanos. Sin embargo, en la confusión, los romanos mataron a Máximo.

Las dos décadas siguientes estuvieron marcadas por asesinatos y mucho caos en el Imperio romano de occidente. Los caudillos bárbaros campaban a sus anchas y los emperadores títeres no podían hacer nada para detenerlos. El general Orestes, un enviado de Atila el Huno, nombró a su hijo de diez años, Rómulo Augusto, emperador del Imperio de occidente en el 475. Solo duró unas semanas. El rey Odoacro dirigió una horda de tribus germánicas hacia Italia, obligando al niño rey a abdicar, el 4 de septiembre del 476. El Imperio romano de occidente se había derrumbado.

¿Cuáles fueron las repercusiones de la caída del Imperio romano?

La caída del Imperio romano de occidente sumió a Europa occidental en la Edad Oscura. En lugar de un gobierno central fuerte, Europa occidental se dividió en pequeños reinos, cada uno con su propio gobernante. Se desarrolló un sistema jerárquico llamado feudalismo. La población cayó en picado debido a las plagas, las guerras y la inestabilidad. Roma había sido una ciudad de cerca de medio millón de habitantes; se redujo a unos treinta mil. Casi todos los habitantes de Milán fueron asesinados o esclavizados en el 539, cuando los ostrogodos atacaron. Europa occidental perdió muchas de sus grandes ciudades y se convirtió en una sociedad rural.

La Iglesia católica romana dominaba ahora la política, la educación y la cultura. Europa perdió sus conocimientos técnicos en áreas como la ingeniería civil. Sin un gobierno central que protegiera los caminos y los mares, el comercio y el intercambio de ideas en el mundo occidental se rompieron. La economía se hundió y la gente abandonó las ciudades. Se convirtieron en siervos a las órdenes de ricos terratenientes, que les daban protección a cambio de trabajo. Las comunidades quedaron aisladas. El pensamiento intelectual y la cultura clásica grecorromana se desvanecieron.

Sin embargo, el legado de Roma sigue perdurando. Durante el Renacimiento, resurgieron las ideas clásicas de la antigua Grecia y Roma, lo que permitió a la gente celebrar de nuevo los logros pasados de Roma.

Actividad

Observe la lista de acontecimientos clave de la historia de la antigua Roma. Numérelos en el orden en que ocurrieron. Compruebe sus respuestas al final del libro.

1. César, Craso y Pompeyo formaron el Primer Triunvirato.
2. Constantino y Licinio aprobaron el Edicto de Milán.
3. Adriano construyó la muralla a través de Gran Bretaña.
4. Rómulo fundó la nueva ciudad de Roma.
5. Espartaco lideró la gran revuelta de los esclavos.
6. Tarquinio construyó el Circo Máximo y la Cloaca Máxima.
7. Los senones celtas saquearon e incendiaron a Roma.
8. El rey niño Rómulo Augusto abdicó del trono.
9. Se inauguró el Coliseo.
10. La gran conspiración estuvo a punto de expulsar a los romanos de Gran Bretaña.
11. La plebe consiguió su Asamblea Plebeya.
12. Los romanos derrocaron la monarquía e instauraron la República.

Clave de respuestas

César, Craso y Pompeyo formaron el Primer Triunvirato. **(7)**
Constantino y Licinio aprobaron el Edicto de Milán. **(10)**
Adriano construyó la muralla a través de Gran Bretaña. **(9)**
Rómulo fundó la nueva ciudad de Roma. **(1)**
Espartaco lideró la gran revuelta de los esclavos. **(6)**
Tarquinio construyó el Circo Máximo y la Cloaca Máxima. **(2)**
Los senones celtas saquearon e incendiaron Roma. **(5)**
El niño Rómulo Augusto abdicó de su trono. **(12)**
Se inauguró el Coliseo. **(8)**
La gran conspiración estuvo a punto de expulsar a los romanos de Gran Bretaña. **(11)**
La plebe consiguió su Asamblea Plebeya. **(4)**
Los romanos derrocaron la monarquía e instauraron la república. **(3)**

Vea más libros escritos por Enthralling History

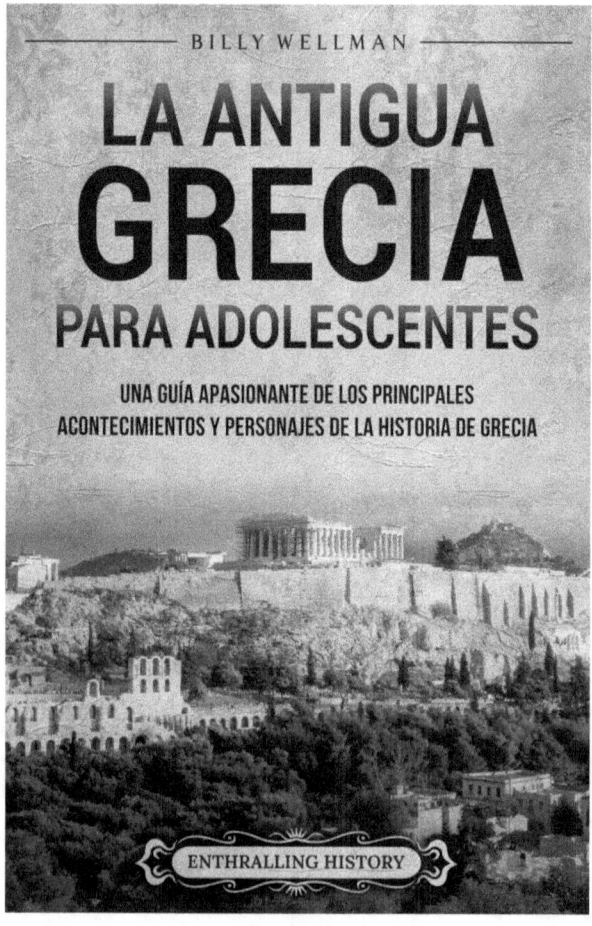

Referencias

Appian. *Punic Wars.* http://www.perseus.tufts.edu/hopper/text?doc=Perseus%3Atext%3A1999.01.0230%3Atext%3DPun.%3Achapter%3D16%3Asection%3D111

Barchiesi, Alessandro and Walter Scheidel. *The Oxford Handbook of Roman Studies.* Oxford: Oxford University Press, 2010.

Boatwright, Mary T., Daniel J. Gargola, Noel Lenski, Richard J. A. Talbert. *The Romans: From Village to Empire: A History of Rome from Earliest Times to the End of the Western Empire.* Oxford: Oxford University Press, 2011.

Caesar, Julius. *The Gallic Wars.* Translated by W. A. McDevitte and W. S. Bohn. The Internet Classics Archive. http://classics.mit.edu/Caesar/gallic.1.1.html

Casson, Lionel. *Everyday Life in Ancient Rome.* Baltimore: Johns Hopkins University Press, 1998.

Chandler, David L. "Riddle Solved: Why Was Roman Concrete So Durable?" *MIT News Office* (January 6, 2023). https://news.mit.edu/2023/roman-concrete-durability-lime-casts-0106

Cicero. *Pro Cluentio.* http://www.thelatinlibrary.com/cicero/cluentio.shtml

Davies, Penelope J. E. *Architecture and Politics in Republican Rome.* Cambridge: Cambridge University Press, 2017.

DiBacco, Cory R. "The Position of Freedmen in Roman Society." *MAD-RUSH Undergraduate Research Conference*, (Spring 2017), JMU Scholarly Commons. https://commons.lib.jmu.edu/cgi/viewcontent.cgi?article=1069&context=madrush

Dio, Cassius. *Roman History*. Translated by H. B. Foster. Volume I of the Loeb Classical Library edition, New York: Macmillan Publishers, 1914. https://penelope.uchicago.edu/Thayer/E/Roman/Texts/Cassius_Dio/1*.html.

Gwynn, David M. *The Roman Republic: A Very Short Introduction*. Oxford: Oxford University Press, 2012.

Jones, Christopher. "The Emperor and the Giant." *Classical Philology* 95, no. 4 (2000): 476-81. http://www.jstor.org/stable/270519.

Josephus, Flavius. *The Jewish War*.
http://penelope.uchicago.edu/josephus/war-3.html

Lintott, Andrew. *The Constitution of the Roman Republic*. Oxford: Oxford University Press, 2003.

Livy. *The Rise of Rome: Books One to Five*. Oxford: Oxford University Press, July 1, 2009.

Martin, Thomas R. *Ancient Rome: From Romulus to Justinian*. New Haven: Yale University Press, September 10, 2013.

Mitchell, Thomas N. "Roman Republicanism: The Underrated Legacy." *Proceedings of the American Philosophical Society* 145, no. 2 (2001): 127-37. http://www.jstor.org/stable/1558267.

Nicolaus of Damascus. *Life of Augustus*. Translated by Clayton M. Hall. https://web.archive.org/web/20070714144802/http://www.csun.edu/~hcfll004/nicolaus.html

Ovid. *Metamorphoses*. Translated by Sir Samuel Garth, John Dryden, et al. http://classics.mit.edu/Ovid/metam.1.first.html

Plutarch. *Fall of the Roman Republic*. London: Penguin Classics, 2006.

Plutarch. *De Fortuna Romanorum*. Translated by F. C. Babbitt. Vol. IV of the Loeb Classical Library edition, Cambridge: Harvard University Press, 1936. https://penelope.uchicago.edu/Thayer/E/Roman/Texts/Plutarch/Moralia/Fortuna_Romanorum*.html#T320c.

Plutarch. *The Parallel Lives*. Loeb Classical Library edition, 1914. https://penelope.uchicago.edu/Thayer/e/roman/texts/plutarch/lives/home.html

Polybius. *The Rise of the Roman Empire*. London: Penguin Classics, February 28, 1980.

Ricciotti, Giuseppe. *The Age Of Martyrs: Christianity from Diocletian (284) to Constantine (337)*. Gastonia, North Carolina: TAN Books, January 1, 2009.

Sheridan, Paul. "The Sacred Chickens of Rome." *Anecdotes from Antiquity*. November 8, 2015. http://www.anecdotesfromantiquity.net/the-sacred-chickens-of-rome/

Urbanus, Jason. "A Shrine to Romulus." *Archaeology Magazine*. Archaeological Institute of America, February 2021.

https://www.archaeology.org/issues/406-2101/features/9269-rome-romulus-shrine.

Virgil. *The Aeneid Book IV.* Translated by A. S. Kline. Poetry in Translation, 2002. https://www.poetryintranslation.com/PITBR/Latin/VirgilAeneidIV.php

Fuentes de imágenes

1 https://commons.wikimedia.org/wiki/File:Batoni,_Pompeo_%E2%80%94_Aeneas_fleeing_from_Troy_%E2%80%94_1750.jpg
2 https://commons.wikimedia.org/wiki/File:Tiepolo_-_Latinus_Offering_his_Daughter_Lavinia_to_Aeneas_in_Matrimony,_1753_%E2%80%93_1754,_KMS4201.jpg
3 Trougnouf, CC BY 4.0 <https://creativecommons.org/licenses/by/4.0>, vía Wikimedia Commons: https://commons.wikimedia.org/wiki/File:Maison_de_la_Louve_(DSC_0377).jpg
4 Foto ampliada, etiquetas añadidas.: Cassius Ahenobarbus, CC BY-SA 3.0 <https://creativecommons.org/licenses/by-sa/3.0>, vía Wikimedia Commons: https://commons.wikimedia.org/wiki/File:Ligue-latine-carte.png
5 Ampliación: https://commons.wikimedia.org/wiki/File:Nicolas_Poussin_-_L%27Enl%C3%A8vement_des_Sabines_(1634-5).jpg
6 https://commons.wikimedia.org/wiki/File:Servius_Tullius_by_Frans_Huys.jpg
7 https://commons.wikimedia.org/wiki/File:Fran%C3%A7ois-Joseph_Navez001.jpg
8 Foto ampliada.: https://commons.wikimedia.org/wiki/File:Cicer%C3%B3n_denuncia_a_Catilina,_por_Cesare_Maccari.jpg
9 Mathiasrex, CC BY-SA 3.0 <http://creativecommons.org/licenses/by-sa/3.0/>, vía Wikimedia Commons; https://commons.wikimedia.org/wiki/File:Romtrireme.jpg
10 https://commons.wikimedia.org/wiki/File:Schlacht_bei_Zama_Gem%C3%A4lde_H_P_Motte.jpg
11 Alphanidon, CC BY-SA 4.0 <https://creativecommons.org/licenses/by-sa/4.0>, vía Wikimedia Commons; https://commons.wikimedia.org/wiki/File:Pompey_the_Great.jpg

12 https://commons.wikimedia.org/wiki/File:Death_of_Julius_Caesar_2.png

13 Stephencdickson, CC BY-SA 4.0 <https://creativecommons.org/licenses/by-sa/4.0>, vía Wikimedia Commons: https://commons.wikimedia.org/wiki/File:Augustus_Caesar.png

14 Homoatrox, CC BY-SA 4.0 <https://creativecommons.org/licenses/by-sa/4.0>, vía Wikimedia Commons: https://commons.wikimedia.org/wiki/File:Roman_empire_14_AD_(provinces)_en.png

15 Foto ampliada. Avidius, CC BY-SA 4.0 <https://creativecommons.org/licenses/by-sa/4.0>, vía Wikimedia Commons: https://commons.wikimedia.org/wiki/File:ClaudiusJupiter.jpg

16 Diliff, CC BY-SA 2.5 <https://creativecommons.org/licenses/by-sa/2.5>, vía Wikimedia Commons: https://commons.wikimedia.org/wiki/File:Colosseum_in_Rome-April_2007-1-_copie_2B.jpg

17 Foto ampliada.: Gorrión (麻雀), CC BY-SA 4.0 <https://creativecommons.org/licenses/by-sa/4.0>, vía Wikimedia Commons: https://commons.wikimedia.org/wiki/File:Pompeii_casts_18.jpg

18 Foto ampliada.: Sergey Sosnovskiy, CC BY-SA 4.0 <https://creativecommons.org/licenses/by-sa/4.0>, vía Wikimedia Commons: https://commons.wikimedia.org/wiki/File:Roman_warrior,_ca._80%E2%80%9420_BC.jpg

19 Museos Vaticanos, CC BY 3.0 <https://creativecommons.org/licenses/by/3.0>, vía Wikimedia Commons: https://commons.wikimedia.org/wiki/File:Marius_Chiaramonti_Inv1488.jpg

20 Museo de Arte de Toledo, CC0, vía Wikimedia Commons: https://commons.wikimedia.org/wiki/File:Toledo_Museum_of_Art_-_Portrait_of_a_Young_Man_in_Armor_(2).jpg

21 Rpanjwani3, CC BY-SA 3.0 <https://creativecommons.org/licenses/by-sa/3.0>, vía Wikimedia Commons: https://commons.wikimedia.org/wiki/File:Mang2.png

22 https://commons.wikimedia.org/wiki/File:Pompeii_-_Casa_del_Poeta_Tragico_-_Theater_3.jpg

23 https://commons.wikimedia.org/wiki/File:OstianInsulae.JPG

24 Dennis Jarvis, CC BY-SA 2.0 <https://creativecommons.org/licenses/by-sa/2.0>, vía Wikimedia Commons: https://commons.wikimedia.org/wiki/File:Dougga_cup-bearers_mosa%C3%AFc.jpg

25 https://commons.wikimedia.org/wiki/File:Borghese_villa_gladiator_mosaic.jpg

26 TimeTravelRome, CC BY 2.0 <https://creativecommons.org/licenses/by/2.0>, vía Wikimedia Commons: https://commons.wikimedia.org/wiki/File:Nennig_Roman_Villa_and_Mosaics_-_51134391753.jpg

27 Jamie Heath, CC BY-SA 2.0 <https://creativecommons.org/licenses/by-sa/2.0>, vía Wikimedia Commons: https://commons.wikimedia.org/wiki/File:Circus_Maximus_Panel_(51220278177).jpg

28 Foto ampliada.: ArchaiOptix, CC BY-SA 4.0 <https://creativecommons.org/licenses/by-sa/4.0>, vía Wikimedia Commons: https://commons.wikimedia.org/wiki/File:Wall_painting_-_satyrs_as_tightrope_acrobats_-_Pompeii_(villa_de_Cicerón)_-_Napoli_MAN_9118.jpg

29 https://commons.wikimedia.org/wiki/File:Mosaic_depicting_theatrical_masks_of_Tragedy_and_Comedy_(Thermae_Decianae).jpg

30 Fubar Obfusco, CC0, vía Wikimedia Commons: https://commons.wikimedia.org/wiki/File:Latrines_romaine_%C3%A0_Ostie..JPG

31 A. Hunter Wright, CC BY-SA 3.0 <http://creativecommons.org/licenses/by-sa/3.0/>, vía Wikimedia Commons: https://commons.wikimedia.org/wiki/File:Arch_of_Septimius_Severus_East.jpg

32 Dave & Margie Hill / Kleerup de Centennial, CO, EE.UU., CC BY-SA 2.0 <https://creativecommons.org/licenses/by-sa/2.0>, vía Wikimedia Commons: https://commons.wikimedia.org/wiki/File:Thermopolium_(7254049600).jpg

33 Roberto Ferrari, CC BY-SA 2.0 <https://creativecommons.org/licenses/by-sa/2.0>, vía Wikimedia Commons: https://commons.wikimedia.org/wiki/File:Pont_du_Gard_3.jpg

34 Pascal Reusch, CC BY-SA 3.0 <https://creativecommons.org/licenses/by-sa/3.0>, vía Wikimedia Commons; https://commons.wikimedia.org/wiki/File:Ponte_Quattro_Capi.jpg

35 https://commons.wikimedia.org/wiki/File:Aeolipile_illustration.png

36 https://commons.wikimedia.org/wiki/File:Mosa%C3%AFque_des_bikinis,_Piazza_Armerina.jpg

37 https://commons.wikimedia.org/wiki/File:Brennus_mg_9724.jpg

38 Andrea Ferrucci, CC0, vía Wikimedia Commons: https://commons.wikimedia.org/wiki/File:Julius_Caesar_MET_267739.jpg

39 https://commons.wikimedia.org/wiki/File:Venus_and_Cupid_from_the_House_of_Marcus_Fabius_Rufus_at_Pompeii,_most_likely_a_depiction_of_Cleopatra_VII_(2).jpg

40 https://commons.wikimedia.org/wiki/File:011-Mark_Antony,_with_Cleopatra_VII_-3.jpg

41 Carlos Delgado, CC BY-SA 3.0 <https://creativecommons.org/licenses/by-sa/3.0>, vía Wikimedia Commons https://commons.wikimedia.org/wiki/File:Ner%C3%B3n_y_Agripina.jpg

42 Carole Raddato de FRANKFURT, Alemania, CC BY-SA 2.0 <https://creativecommons.org/licenses/by-sa/2.0>, vía Wikimedia Commons:

https://commons.wikimedia.org/wiki/File:Hadrian-_An_Emperor_Cast_in_Bronze,_Israel_Museum_(27801269805).jpg

43 © José Luiz Bernardes Ribeiro: https://commons.wikimedia.org/wiki/File:Portrait_of_family_of_Septimius_Severus_-_Altes_Museum_-_Berlin_-_Germany_2017.jpg

44 https://commons.wikimedia.org/wiki/File:Cyprian_von_Karthago2.jpg

45 Immanuel Giel, CC BY-SA 4.0 <https://creativecommons.org/licenses/by-sa/4.0>, vía Wikimedia Commons: https://commons.wikimedia.org/wiki/File:Schlosskirche_(Blieskastel)_Chi-Rho.jpg

46 York Minster, CC BY-SA 2.0 <https://creativecommons.org/licenses/by-sa/2.0>, vía Wikimedia Commons: https://commons.wikimedia.org/wiki/File:Constantine_York_Minster.jpg

47 Museo de Bellas Artes de Boston, CC0, vía Wikimedia Commons: https://commons.wikimedia.org/wiki/File:ClaudiusGothicusSC265569.jpg

48 Classical Numismatic Group, Inc. http://www.cngcoins.com, CC BY-SA 2.5 <https://creativecommons.org/licenses/by-sa/2.5>, vía Wikimedia Commons: https://commons.wikimedia.org/wiki/File:Valentinian1cng1570366obverse.jpg

49 A.Berger, CC BY-SA 3.0 <https://creativecommons.org/licenses/by-sa/3.0>, vía Wikimedia Commons: https://commons.wikimedia.org/wiki/File:Attila_Museum.JPG

www.ingramcontent.com/pod-product-compliance
Lightning Source LLC
Chambersburg PA
CBHW070334010526
44107CB00004B/510